教養みらい選書
005

賀茂川コミュニケーション塾

ビブリオバトルから人工知能まで

谷口忠大

世界思想社

はじめに

「コミュニケーションってなんだろう?」

ひょんな出会いから、一人の少女が、そんな疑問に向き合った夏の物語。

街行く人、家族、同僚、テレビの向こう側の人、友だち、ロボット、仕事の交渉相手、そして、恋人。僕らを取り巻くすべての人々、および、擬人化された物。僕たちの生活はさまざまな人々とのかかわり合いの中で成り立っている。

一人ひとりがお互いの意図を通じ合わせ、利害を調整し、笑い合い、つながり合う。そこに現れてくるのが「コミュニケーション」だ。それは、人間社会を社会たらしめる根幹的な概念。だから、日常生活のさまざまな場面でコミュニケーションという言葉自体が話の主題になる。「家族のコミュニケーションが希薄になっている」とか、「就職活動ではコミュニケーション能力が大切だ」とか、「人工知能はコミュニケーションできるのか?」とか。

それら一つひとつのコミュニケーションという言葉は、はたして同じことを指しているのだろうか?

そんな疑問を抱いてしまうほどに、コミュニケーションという言葉が指し示す対象はさまざまで、その文脈は多様だ。

その概念をより明晰に理解したい、そして、僕たち自身の行うコミュニケーションをよりよく、より豊かなものにしたい。それはきっと、僕たち自身がどういう存在であるのかを知ることにつながり、また、僕たちの社会をよりよくすることにつながるだろう。

それが僕の研究であり、ライフワークなのだ。そのために、コミュニケーションする人工知能を作ろうと研究してきたし、人間どうしのコミュニケーションをよりよくするメカニズム（たとえば、ビブリオバトル）を作ったり研究したりしてきた。

一方でその多様な研究は、ともするとバラバラな活動に見えてしまいがちだ。だから、僕は、そんな広がりのある研究や思索をひとまとめにして、できるだけ平易な言葉で伝えるために、本書を執筆する。

でも、伝えるのは僕じゃなくて、この物語の中に出てくる登場人物たちだ。

京都の夏の賀茂川。北大路通から川沿いに南に下った東側に位置する喫茶店エトランゼ。物語の中の「僕」は、そこで出会った高校生たちと話をする。それは、さながら私塾のようで。「僕」らはそこでコミュニケーションについて語り合う。

これは、ひと夏の思い出。

では、『賀茂川コミュニケーション塾』の舞台の始まり、初夏の喫茶店エトランゼへと、カメラを移そう。

目次　賀茂川コミュニケーション塾――ビブリオバトルから人工知能まで

はじめに　i

第1章　コミュニケーションってなんですか？　1

第2章　ビブリオバトルっておもしろい？　27

第3章　コミュニケーション場のメカニズムで変われます？　62

第4章 人工知能とコミュニケーションはできますか？ 92
第5章 意味って結局何なんですか？ 139
第6章 言葉がなくてもつながれますか？ 171
終章 エピローグ――賀茂川のほとりで会おうと君は言った 215
あとがき

イラスト　サコ

大学の教授
喫茶店に入り浸って書籍執筆中

教授

清新大学附属高校２年生
小沢マドカの友だち

木村夏子

清新大学附属高校２年生
好奇心旺盛な本編主人公

小沢マドカ

喫茶店エトランゼの女主人
教授の大学時代のサークルの後輩

一ノ瀬綾乃

京都の大学に通う大学院生
喫茶店エトランゼのアルバイト

桐生院幸人

清新大学附属高校２年生
小沢マドカと同じクラス

三田謙介

第1章 コミュニケーションってなんですか?

はじまりの喫茶店エトランゼ

「コーヒーのお代わり要ります？　教授?」

この店の女主人《ミストレス》の一ノ瀬綾乃《いちのせあやの》がコーヒーサーバーを右手に立っていた。

喫茶店の中は空いている席の方が多く、平日の昼は長閑《のどか》なものだった。初夏の日差しは強く、一歩外に出れば、早くも陽気にじんわりと汗ばむ季節だったが、弱くかけられたクーラーは、室内をちょうど居心地のよい温度に保っている。

僕は一人で、机の上に広げたノートパソコンに向き合っていた。

「あ、いや、大丈夫かな。まだ、あるし」

コーヒーカップの取っ手に右指を差し込んで少し持ち上げてみせる。コーヒーはもう半分もなかったが、その中身をのぞき込むと、綾乃は「わかりました」と微笑んだ。

「もうすぐ、ランチですしね。じゃあまた、食後のコーヒーでということかしら?」

初夏の日差しが僕の座る席の隣のソファを明るく照らす。正午少し前の白い光が窓から強く差し込む。日差しはソファに明部と暗部を作り、鮮やかなコントラストを生んでいた。

今日も僕はこの喫茶店で日替わりランチを食べる。彼女はコーヒーのお代わりを断った言葉から、これから先の僕の行動を読み取った。ランチの話なんて一言もしていないのに。綾乃の予想通り。正解だ。

「綾乃はすごいね。なんでもお見通しだ」

僕がそう言うと、彼女は「毎週同じ行動パターンだから、誰にだって予測がつきますよ」と、僕の感心顔が大げさだと言わんばかりに左手を振った。

――まぁ、たしかにそのとおりかな。

コミュニケーションというのは聞き手にとってはある意味で他者の意図の予測問題だ。その予測には言葉以外のさまざまな情報を用いることができる。人はその予測を言葉の解釈と言ったりもする。「まだ、あるし」という僕の言葉は綾乃が僕の意図に気づくための一つのヒントだった。彼女はいつもの僕の行動を知っているから、それに気づき「お見通し」だったのだ。

コミュニケーションとは、僕たちの生活の中で多岐に渡り、多様な姿を持つ。その一部は学術的に考えれば「不思議」であるが、日常的感覚から再解釈すれば「当たり前」ということも多い。でも、研究者や特定の学問を学ぶ者、特定の業種に属する者がコミュニケーションと言う時には、みずからの専門分野に引き寄せて、過度に限定されたコミュニケーションについて極端に論じがちだ。

人間どうしのコミュニケーションはどこにでもある。どこにでもあるからこそ、どこにでもあるさまざまなコミュニケーションを掬《すく》い上げ、そのあり方を観察したり、その性質を理解したり、理解を通して得た知識を応用したり、それを改善したりすることこそが、僕たちの思索のあるべき姿なのだろう。学理はあれども、思索はときに自由に羽ばたくのだ。

——あれ？　それで、僕のランチのオーダーは綾乃に通ったたってことでいいのかな？

コーヒーサーバーを片手にカウンターに戻る綾乃を目で追ったが、彼女はそのまま厨房に入って行ってしまった。

——まぁいっか。

僕はふたたびノートパソコンへと向かう。

「コミュニケーション」という言葉はフワフワとした存在感のままで、僕たちの日常生活や社会生活の中でさまざまな形でさまざまな役割を演じている。テレビやラジオを通したマスコミュニケーション、クラスの中での友人との会話、会社の中での知識共有、意思決定のための会議、運動会でのご近所と仲良くなるための交流。さらには、ロボットとのコミュニケーションから、言葉を用いない価格情報を用いたコミュニケーションや、動物どうしがリズムを合わせるような原初的コミュニケーションまで。日常生活の中で、人々はかなり広範な出来事をコミュニケーションという言葉で指し示している。だからこそ、あらためて問おう。

「コミュニケーションってなんですか？」

コミュニケーションを支えているものは何か？　コミュニケーションをより効率的に、もしくは、豊かにする仕組みは何か？　ロボットとコミュニケーションすることは可能か？　コミュニケーションの一種ととらえられる重要な社会現象には言語的コミュニケーション以外にどのようなものがありえるのか？

僕は今、喫茶店の机の上にノートパソコンを開き、向き合っている。明るい日差しが差し込む初夏から、暑さが去りゆく夏の終わりまでの間、思索の断片を書き綴る時間と機会が与えられたのだ。この幸運を利用して、僕自身が考えてきた、また、他の研究者によって語られてきたさまざまなコミュニケーションにかかわる議論を、できるだけ平易な表現で紹介していきたい。決してそれは、単一の学理により理路整然とまとめられた秩序ある議論ではない。一冊の書籍の中で、話があっちに行ったりこっちに来たりすることもあるだろう。それほどまでに現代社会でコミュニケーションと呼ばれているものは多様で、かかわる議論もやはり多様なのだ。僕がこれから書くこの一冊が物語であるとするならば、それは冒険ファンタジーだ。洞窟に入ってドラゴンと戦うことも、港町に出て少女と恋に落ちることも、山に分け入り神秘の樹を見上げることもあるだろう。そういう気分で、この本のページをめくっていってもらえれば幸いである。

僕はいったん、ノートパソコンから手を離し、右手でコーヒーカップを持ち上げた。コーヒーを入れてもらってから一時間以上経っているので、カップの中のコーヒーは冷え切っている。一口飲んで「ふぅ」と息を漏らす。

――カランコロン

その時、僕の左方向にある喫茶店エトランゼの扉が開き、入り口のベルが鳴った。内開きのドアの隙間から、ボブヘアの少女がひょっこりと頭を出す。

半袖の薄い空色のブラウスとチェック柄の紺のスカートに身を包んだ少女は、背中から初夏の日差しを受けている。革靴に包まれたその足が光に照らされた店内の床へと下ろされた時、仄《ほの》かな熱と爽やかな風が僕の座るテーブルまで広がった。

「あら、いらっしゃい、マドカちゃん。ずいぶんと早いのね？」

ベルの音に気がつき、厨房の暖簾《のれん》から顔を出した女主人《ミストレス》の綾乃が声をかける。

「こんにちは！」

左肩に高校のカバンをぶら下げた制服姿の少女は、息を切らしながらも元気に答えると、店の入り口の扉を閉めてカウンターに向かって歩き出した。

来訪する女子高生と共有信念

喫茶店エトランゼは京都の景勝地である鴨川を川沿いに北に上がった場所にある。出町柳で、西の賀茂川と東の高野川が合流することで鴨川となる。店が面しているのは賀茂川の方である。裏口が賀茂川に面しており、店内からは賀茂川の様子を望むことができるという絶好の立地だ。

平日の正午を過ぎて、十三時に迫ろうかという時間帯。ランチタイムではあるが店内は混雑しているというほどでもなかった。僕は道沿いの窓際席をいつものように占拠し、机の上にノートパソコンを展開している。お昼時なのにランチも注文せず、薄い紫のワイシャツを腕まくりしながらコーヒーだけを脇に置いて、一人、天井を眺めていた。

マドカと呼ばれた少女はカウンターテーブルの左端のハイチェアに座り、カバンを隣の席に置くと、その席の背もたれに右手をかけて店内を見渡す。彼女と目が合った。しばし、見つめ合う。そんな膠着《こうちゃく》状態が続いた後、突然、その少女はペコリと頭を下げた。

——誰だっけ？

綾乃と親しい少女のようなので、無視するわけにもいかないし、僕もペコリと頭を下げたが、自分が話したことのある少女なのかどうかがわからない。僕が「誰だっけ？」と視線を合わせながら考えるのと同じくして、少女も同じような感じで困り出しているようだった。お互い引くに引けない状況。視線を逸らそうかとも思うが、逸らすのも失礼な感じだ。はまった。ちなみに、こういう状況をゲーム理論ではナッシュ均衡と呼ぶ。

「あれ？　マドカちゃん、教授のこと知っているの？」

ハイチェアの上で固まってしまっている少女を見て、綾乃が意外そうに声をかけた。助け舟だった。綾乃の一言で膠着状態を脱することのできた少女はフルフルと首を左右に振った。

「いえ……！　たぶん、……初対面です」

「あ、そうなの？」

綾乃は少女に視線を向けるとともに、僕にも問いかけるような視線を送った。僕も「たぶん」

とうなずく。なんだかよくわからないナッシュ均衡から抜け出すことができた僕たちは、ホッとしつつも、また顔を見合わせた。なんだか少し可笑しな気分だ。

——だよね。よかった。

あらためて、少女が「こんにちは」と頭を下げるので、僕も「こんにちは」とノートパソコンのキーボードに手を載せたまま頭を下げた。

「あっ、そうだ、ちょうどよかったわ。マドカちゃん、教授のこと、紹介するわね」

腰の高さの両開きの扉を開けてカウンターから出てくると、「え？　え？」と戸惑うマドカを綾乃は僕の前の席まで引っ張ってきた。

「こちら、私の昔からの友だちの『教授』。今、なんだか知らないけれど、長期休暇みたいなのを取って、京都に滞在されているの。それで、このお店に入り浸っているっていう状態」

「……ど、……どうも」

少女が、おずおずと頭を下げて挨拶してくるので、僕もおずおずと頭を下げた。

「で、こっちが小沢マドカちゃん。すぐそこの清新《せいしん》大学附属高校に通っている、高校二年生の私の姪っ子」

「よろしく」

僕はノートパソコンから両手を外して、あらためて、小さく頭を傾けた。

「ささ、マドカちゃん、座って座って～」

そう言うと、綾乃は僕の座るソファ席の斜向いの椅子を引いた。マドカに、そこに座れということらしい。

「……えええええっ？」

初対面である。少女は顔に明らかな困惑の表情が浮かべた。いくら綾乃と僕が旧知の仲だといっても、普通の女子高生である彼女にとっては、僕はただの見知らぬおじさんなのだ。しかし、彼女は抵抗する暇も与えられず、僕の斜め前の席へと押し込まれた。

「えっと、二人とも、日替わりランチでいいわね？　マドカちゃん、教授はおもしろいから、いろいろ聞くといいわよ～」

そう言うと、綾乃はもと来た道を戻り、厨房へと向かっていった。

「ちょっと！　綾乃！　おいっ！」

戸惑って、その背中に声をかけても、綾乃は後ろ向きのまま右手を振り、僕の困惑の声を華麗にいなしながら厨房の奥へと消えていった。

喫茶店エトランゼの北東の角のテーブルには、初対面の男女が残された。男女といっても、親子ほども年の離れた二人ではあるが。

「じゃあ、僕も一休みするかな」

そう言うと、僕はノートパソコンの液晶画面を畳み、机の脇へやった。代わりにコーヒーカップが載ったソーサーを手許に引き寄せ、カップの持ち手に指を通す。

「あっ……、あのっ！　ご趣味は？」

「――ブホッ！」

噎《む》せた。意を決したように言葉を発した上目遣いのマドカ。でも、それはまるで合コンか、お見合い会場でのセリフではないか。とはいえ、彼女が間違ったことを言ったわけではないので、少し咳き込みながら僕は「ごめん、ごめん、気にしないで」と左手を上げた。

「……あ。『ご趣味は？』って、お見合いじゃないんだからっ！　って感じですよね～。スミマセン。他に適当な質問も見当たらなくて……わたし『コミュ障』なんで」

自分自身でもその違和感に気づいたようで、マドカはぺろりと舌を出した。

「いやいや、こっちこそゴメン。いきなり笑ったりして」

テーブルの上にコーヒーの水滴を少し飛ばしてしまっていたので、ささっと拭いた。それにしても、「コミュ障」とは。高校二年生でも、それはとても普通のことなのだ。そういう言葉を使うんだな。でも、彼女のこれはまったく「コミュ障」の症状ではない。

「君は全然『コミュ障』なんかじゃないよ。共有信念《きょうゆうしんねん》がないこういう状況では、誰でも過度に一般的なこと、つまり、まぁ、当たり障りのないことしか言えないんだよ。『いい天気ですね～』『お仕事はなんですか～』とかね」

「共有信念？」

マドカが首を傾げ、僕がうなずく。

「そう、共有信念。その言葉通り、会話に参加している参加者が共有している信念ってこと。君と僕の両方があることを知っていて、さらに、両方が知っているってことを両方が知っているってこと。言語でのコミュニケーションは、これを前提に成立しているんだよ。共有信念が十分に形成されていない状態では、まともに会話なんてほとんどできないんだ」

マドカの表情をうかがうと、あからさまに首を傾げている。僕はマドカに「えっと、試しになんでもいいから僕に他の質問を投げてごらん」と質問を促す。

僕たちのコミュニケーションでは、自由な質問というものですら共有信念という見えない存在に支配される。言語でのコミュニケーションはただの情報通信ではないのだから。マドカは左手の人差し指を口元に添えて、少し考えてから唇を開いた。

「え〜っと。『ここにはよく来られるんですか？』とか、『綾乃さんとはどういう関係なんですか？』とかカナ？」

「うん、いいね。じゃあ、君の出した二つの質問を共有信念という視点から分析してみよう。一つ目の質問は『僕が今、この店に来ていて、しかも、綾乃さんと知り合いだ』ということをお互いが認識しているという共有信念、二つ目は綾乃が言った『僕と綾乃が旧知の仲だ』ということをお互いが知っているという共有信念に基づいた質問だね」

「……なるほど」

「共有信念が育まれていないところで、やたらめったら話しかけだす人がいたら、それは『コミュニケーションが上手い』というより、むしろコミュニケーション能力に問題を抱えていることになるよね。実際に統合失調症の患者さんなんかは、文脈を無視した発言をしてしまうことが知られているんだ。その原因が何なのかっていうのはまだまだわからないことが多いみたいだけれどね」

僕は机に置いたコーヒーカップを少し動かす。

「だから『ご趣味は？』っていうのは、ある意味で典型的な質問。でも、典型的すぎて、というか、すごくお見合いっぽくて笑っちゃったけど」

少し理屈っぽい説明で嫌がられるかなと思ったけれど、マドカは楽しそうに僕の方を見ていた。

「じゃあ、私がさっき、おずおずと不自然にしか喋れなかったのは『コミュ障』じゃないってことですね？　よかった」

「そうだね。そういう意味では、マドカちゃんは『コミュ障』なんかじゃないよ。むしろ、きちんと微《かす》かな共有信念にアクセスして、妥当な範囲で思い切って精一杯の質問を生んだんだから、コミュニケーションスキルが高いくらいなんじゃないかな？」

「あ……ありがとうございます」

マドカは少しはにかんだ笑みを浮かべた。すごくお見合いっぽい発言の後に、褒め言葉をもらっても複雑かもしれないけれど、僕の言っていることは、お世辞なんかじゃない。

「教授って、なんだかコミュニケーションについて詳しいんですね。コミュニケーションの専門家なんですか？」

　マドカは冷たい氷水の入ったグラスを両手で包みながら首を傾げる。

「うーん、コミュニケーションが専門かって言うと、イエスともノーとも言いがたいなぁ。僕の専門分野は情報学や創発システム論、それから人工知能とロボティクス。……あ、そんな顔しないで、わかりにくい分野だってことは百も承知だから」

「へ～、理系の先生なんですね。人工知能ってAI《エーアイ》のことですよね？」

「うん、そう。まぁ、たしかに、情報系だから受験科目で言ったら理系かなぁ。あんまり、理系と文系っていう区分は好きじゃないけどね」

　そう言うと、マドカは「いや～、難しそう。ほんと私とは縁遠い世界ですね」と苦笑いを浮かべた。本当は縁遠くなんてないのだけれど。

「……じゃあ、マドカちゃん、『ビブリオバトル』って知っている？」

「あっ！　知っています！　本の紹介するやつですよね？　私の学校でもやることがあって、ちょうど来月、私のクラスでもやるんですよ！」

「僕の研究にはビブリオバトルに関するものもあるんだ」

「え！　そうなんですか？　そういう話題だったら私も話についていけるかも。じゃあ、今度、ビブリオバトルがある時によろしくお願いしますね」

　マドカはホッとしたように、笑顔を浮かべた。「よろしくお願いします」と言われても何をお願いされるのか、よくわからないが、とりあえず「あぁ」と相槌《あいづち》を打っておいた。

「でも、教授の専門って謎です。ロボットとかAIとかだと機械だから工学部でしょ？　でも、ビブリオバトルって本のお薦めとか読書の話だから、文学部とか教育学部のお話じゃないんですか？」

「それは、メチャメチャよくされる質問なんだけどね。ビブリオバトルって、人を含んだ創発システムにおける制度設計にかかわるものだから、発想的にはかなり理系なんだよ。で、僕の所属学部は『情報理工学部』。いちおう、理系の学部だよ」

「へ〜」

軽く目を開いて驚いてみせる少女の頭上には、明らかに「全然わからん」というテキストメッセージがポップアップしていた。

「じゃあ、人間やロボットの『コミュニケーション』を考えるのが教授の専門ってことでイイですか？」

「う〜ん。それも、そこはかとなく誤解を生みそうな気はするけど、とりあえずは大丈夫かな」

「へ〜。コミュニケーションなんて言ったら、心理学とか社会学とか、文系のお話なんだって思ってました」

「はっはっは。それも、ありがちな思い込みだね」

マドカは斜め上を見上げて「そっかー、コミュニケーションの先生かぁ〜」と独り言のように呟《つぶや》いた。僕は、コーヒーを一口すする。

「まあ、『コミュニケーション』の先生って言っても、なんだか曖昧だよね。その、『コミュニケーションってなんだろう？』っていうこと自体がなんだかんだで一番よくわからない問題なわけだし」

そんな僕の言葉を聞いて、マドカは首を傾げた。

コミュニケーションの定義について

「え？『コミュニケーション』って何かって、そんなの決まっているんじゃないんですか？」

専門家であるはずの僕の心もとない発言に、高校二年生の少女は首を傾げる。

「ん？そう思う？それじゃあ、マドカちゃんの思うコミュニケーションって何か、説明することってできるかな？」

僕が問うと、マドカはしばらく斜め方向に視線をずらして考えた後、おずおずと口を開いた。自信なさげに瞳の上で眉を寄せながら。

「頭の中にある『考え』を、相手に伝えることでしょうか？」

「う～ん。その説明はたしかにそれっぽいよね。でもね、日常的に僕らが使っている『コミュニケーション』って言葉の完璧な定義なんてないのさ。僕の理解ではね」

「え？専門家の教授がそんなことを言っちゃっていいんですか？辞書とか専門書を見ればき

ちんとした定義が書いてあるんじゃないんですか？」

マドカの驚く声に、僕は「よし」とうなずく。

「じゃあ、せっかくだから、辞書にはどんなふうにコミュニケーションって言葉を説明してあるか、ウェブで確認してみようか？」

「イイですね！」

マドカがうんうんと首を縦に振るので、僕はスマートフォンを取り出して、辞書のウェブ検索ページを開く。検索フォームに「コミュニケーション」と入力して、検索ボタンを押すとほどなく、『大辞林』による説明ページが開かれた。


《人間が互いに意思・感情・思考を伝達し合うこと。言語・文字その他視覚・聴覚に訴える身振り・表情・声などの手段によって行う。》

「なんだか、広いですね」

「まぁ、辞書の定義だからね。頑張って『コミュニケーション』という言葉が使われる状況の全体をカバーしようとするとこのくらいになるよね」

伝達の対象についてここでは「意思・感情・思考」という表現を使っているが、「情報」や「価値」なども含むと考えて構わないだろう。

「う～ん。……あ、そういえば、『コミュニケーション』ってもともと英語ですよね？　カタカナだし。それなら、英語の辞書を調べたほうがいいんじゃないですか？」

「おっ。いいところに気づいたね。まぁ、外来語がカタカナになった時には、元の言語での意味を変わらず保持しているとは限らないんだけど。根拠としての由来は調べてみるべきだろうね」

　そういうわけで、僕はスマートフォンのブラウザから『ケンブリッジ辞書』に飛んで、Communication《コミュニケーション》を検索した。マドカもその画面をのぞき込む。マドカの英語力がわからないので、僕は和訳しながら読み上げる。

「《The act of communicating with people.》――人々とコミュニケートするための行動」

「あれ？　なにそのシンプルさ？」

「いや、これは仕方ないよね。Communication《コミュニケーション》自体が動詞としてのCommunicate《コミュニケート》の名詞形なんだし」

　マドカが次のリクエストを言い出す前に、僕は先回りしてCommunicate《コミュニケート》の意味を辞書で検索し、読み上げた。

「Communicate は《To share information with others by speaking, writing, moving your body, or using other signals.》――話したり、書いたり、体を動かしたり、他の信号を使って、他者と情報共有をすること」

「なるほど。なんだか、『大辞林』も『ケンブリッジ辞書』も変わらないですね。ていうか、私の答え、合ってたんじゃないですか?」

なぜか得意げに僕の顔を下からのぞき込むマドカ。

「君がした説明、つまり、情報伝達としてのコミュニケーションの定義は、多くの人が抱くコミュニケーションの典型的なイメージだからね」

「典型的?」

僕は「そう、典型的」と人差し指を立ててみせる。

「そして、そのイメージには、さらにきちんとした名前があるんだよ」

僕はノートパッドからメモ用紙を一枚引きはがすと、その上にペンを走らせる。メモ用紙の方向をひっくり返して、マドカに示した。

《シャノン・ウィーバー型の一般化コミュニケーションモデル》

「なんですか、これ?」

マドカは首を傾げた。

シャノン・ウィーバー型の一般化コミュニケーションモデル。それは、情報技術の隆盛を下支えしながらも、多くの人の頭の中にコミュニケーションにかかわる偏った視点を与えてきた二十世紀以降の「常識」。シャノンは情報理論の生みの親であり、現在の人工知能の研究でさえも、

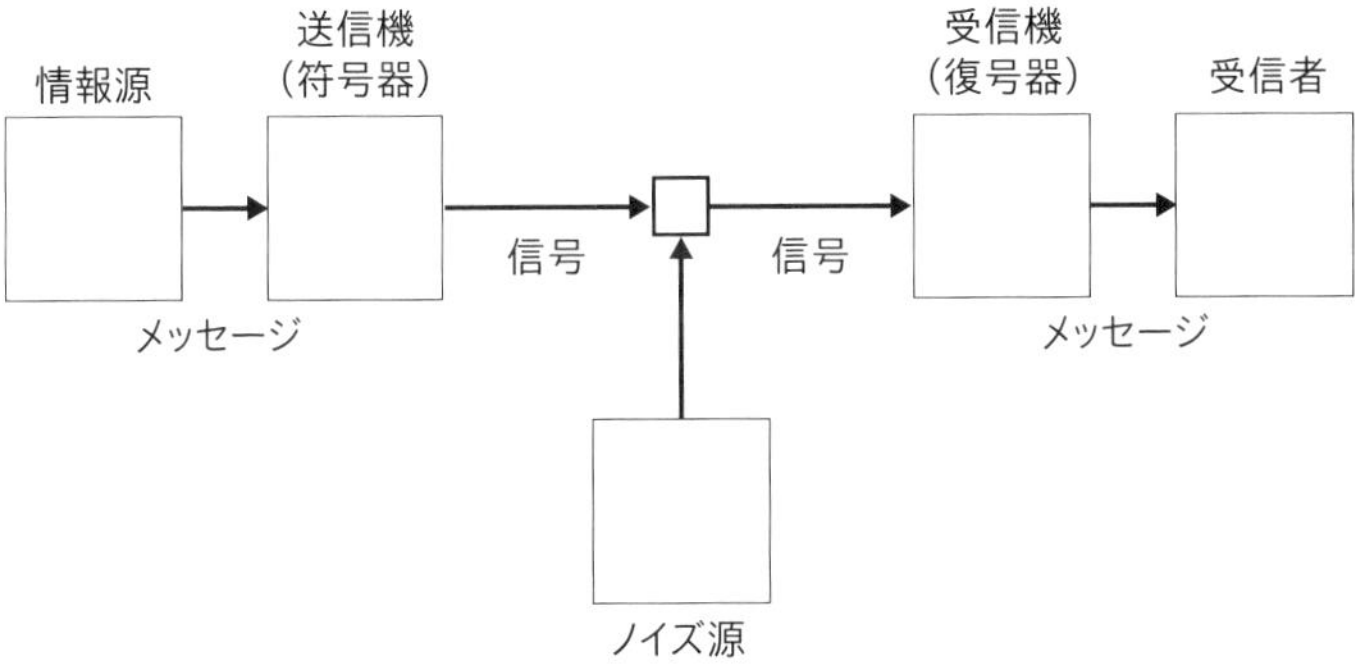

シャノン・ウィーバー型のコミュニケーションモデル

シャノンの切り開いた情報理論の基盤の上に成り立っていると言えるだろう。それは二十世紀以降の社会に大いなる富をもたらした。その一方で、このモデルを通した理解は暗黙のうちに人間どうしのコミュニケーションに対する偏った見方を私たちに与えてきた。

第二次世界大戦が終結した直後に、シャノンとウィーバーは記念碑的論文『通信の数学的理論』を出版した。そこで、コミュニケーションは、データを情報源から目的地まで誤りなく届けるという通信の問題に置き換えられた。これがシャノン・ウィーバー型のコミュニケーションモデルである。この考え方は、現在の電話やインターネット通信を支える基盤となった。

シャノンの通信モデルでは、以下のような形でコミュニケーションが説明される。まず、送信者側は、情報源で生じたデータを通信路に合致する形の信号へと符号化する。通信路を通る間に信号に雑音が入る場合もあるが、受信者側に信号は到達する。受信者側ではその信号を復号器を用いてもとけだ。

のデータに復元する。その結果、もとのデータを復元できればコミュニケーション成功というわけだ。

シャノン・ウィーバー型の一般化コミュニケーションモデルと呼ばれるものは、こういう通信路の考え方を、より広い対象の説明へと拡大しようという考え方だ。つまり、人間のコミュニケーションとは、送り手が情報源である自分の考えを適切に言語へと符号化し、信号として受け手に届けた言語的表現から、受け手が復号器としての解釈により、送り手側の意図を復元することであり、誤りなく復元できたらコミュニケーション成功と見なす考え方なのだ。

「どう？　結構、まっとうなモデルだと思わない？」

「うん。とっても自然な定義ですよね？　自分の考えをきちんと言葉にして伝えられたらオッケーってことですよね？　私の持っているイメージにも近いです」

僕の説明にマドカはうんうんとうなずく。

「そう思うでしょ？　だから、シャノンとウィーバーによって示された一般化コミュニケーションモデルの魔力は恐ろしいんだよ。でも、そこには、実は隠れた罠が潜んでいるんだ」

「え？　罠ですか？」

マドカは僕が示したメモ用紙から視線を上げて目を見開き、僕は彼女を見ながら目を細めた。

シャノン・ウィーバー型の一般化コミュニケーションモデル

シャノン・ウィーバー型のモデルは、それ自体として綺麗に完結している。しかし、これを人間どうしのコミュニケーションにまで一般化して適用しようという企てにはいくつかの問題がある。それは彼らも意識していた。シャノン・ウィーバーの論文をよく読んでみると、その前半で思い切った宣言がなされているのだ。

《〈情報〉通信の意味論的側面は工学問題として不適切である。》

僕たちは日常生活でコミュニケーションを当然、意味ある情報をやり取りするものだと思っている。「え？　それどういう意味？」なんて言葉を交わすのは日常茶飯事だ。つまり、情報技術における通信（Communication）では、信号やデータのやりとりのみを扱い、そこから読み取られる意味や意図などといったものには立ち入らないとシャノンはその学問の原点において宣言したのだ。

そして、それゆえに、その範囲において、情報通信技術は圧倒的な進化を遂げてきた。しかし同時に、僕たちの素朴な疑問である「コミュニケーションとは何か？」という意味や意図の伝達を含めた部分の疑問にそっと蓋をするという副作用をもたらし続けてきたのだ。これが二十世紀半ばから今に至る僕たちの情報社会に、そっと潜り込まされた大きなトリックなのである。

そう説明する僕の言葉にマドカは難しそうに眉をひそめる。

「う〜ん。なんとなく、シャノンさんとウィーバーさんが考えた通信のモデルが不十分であるっていうことはわかる気がするんですが、具体的に何がまずいのか、いまいちわからないです〜。何かもうちょっと具体的な話ってあります？」

「まぁ、そうだよね。実際にはいろいろあるんだけど、とりあえず二点だけ言うね」

戸惑うマドカに、僕は二本の指を立てて次のことを説明した。

まず、第一に、送り手と受け手が別の人間なので、お互いの頭の中はのぞけないという当たり前の前提から生じる問題だ。シャノン・ウィーバー型のコミュニケーションモデルでは符号器と復号器の存在を仮定する。そして、符号器が符号化した情報を復号器が復号できるように、それぞれ調整されていると仮定するのだ。しかし、そもそも別々の人間の頭の中にある符号器と復号器をどうやって、上手く設計し、調整できるのだろうか。送り手の頭の中にある元のデータと、受け手の解釈した内容が同じかどうかなんて、絶対にチェックできない。

「おお、言われてみれば……。頭の中ってのぞけないですから、合っているとも間違っているとも言えないですよね」

「そういうこと」

そして、第二に、シャノン・ウィーバーの一般化コミュニケーションモデルで説明できる現象の範囲には自ずと限界があるということだ。さっき、マドカが言っていた「コミュ障だ」とか

「コミュ力が高い」などという言葉はこのモデルの範囲では説明できないと思う。コミュ力が高いというのは符号化の精度が高いということだろうか。その説明には無理があるだろう。クラスの中の「コミュ力が高い」男子や女子のことを思い浮かべてみよう。彼らは自分の意見を論理的に筋道立てて、詳細に説明するタイプだろうか。必ずしもそうではないだろう。それよりも「マジで〜!」「わかるわ〜!」とか言いながら、上手く相手に合わせたり、人の話を聞いたり、時々ジョークを挟んだりする。そんな「コミュニケーション」が上手い生徒が「コミュ力が高い」と言われていたりする。

「シャノン・ウィーバー型の一般化コミュニケーションモデル上の話だと、『コミュ力が高い』って、『よい符号器を持っている』くらいにしか表現できないと思うんだよね」

「なるほどです。コミュ力高い子たちが、『よい符号器を持っている』というのは、私もなんかしっくり来ないです」

「人間のコミュニケーションに示唆を受けた工学的な電話や電信の理論としては、シャノン・ウィーバー型のコミュニケーションモデルの価値と妥当性は疑うべくもないんだよ。でもね、それでコミュニケーションについてわかった気になって、シャノン・ウィーバー型のコミュニケーションモデルのアナロジーで人間の日常のコミュニケーションをとらえようとするのは、しばしば間違いを招くし、場合によってはただの誤解ですらあるんだよ」

広がりすぎた常識は人を盲目にもする。まるで色眼鏡をかけることで、見えない色が生じるように。僕たちは、みんなで偏った色眼鏡をかけて現代のコミュニケーションを見てしまっているのかもしれない。でも、自分が色眼鏡をかけていると気づいたら、ちょっとその色眼鏡を外すことだってできる。

——そして、自分の周りに広がる景色を眺めてみたくもなるじゃないか。

視線を上げると、喫茶店エトランゼの奥の大窓の向こうに、流れる賀茂川の川面と河原で遊ぶ親子連れの姿がマドカの肩越しに見えた。

ひとしきり僕の説明を聞き終えたマドカは「ほー」と感心したように小さく声を漏らす。

「教授って、やっぱり『コミュニケーション』に詳しいんですね」

「そうでもないよ。知っていることだけ。あとは、自分で考えてきたことだけだよ」

「じゃあ、コミュニケーションにかかわるような話で、何かわからないことがあったら教授に聞きに来ますねっ！」

そう言ってはしゃぐマドカに、僕は左手で頬杖をつきながら答えた。

「まぁ、いつでもなんでも聞きに来てくれたらいいよ」

好奇心に溢れた若者はいつだって歓迎なのだ。

「あらあら、さっそく盛り上がってるじゃない？」

顔を上げると、テーブル脇にはトレーに二枚のプレートを載せた女主人《ミストレス》の綾乃が立っていた。

「はい、これ、日替わりランチね〜。今日は、豚肉のピカタになります」

綾乃はそう言うと、二人の目の前にカリッと焼きあがった豚肉と生野菜が盛られた白いプレートを置いた。そして、ご飯とお味噌汁をその脇に添える。

「マドカちゃん。教授、おもしろい人でしょ？」

「あ……、うん。コミュニケーションとか、ビブリオバトルとか、人工知能とかロボットとか、その他もろもろ。何かわからないことがあれば、なんでも聞きに来ていいって言われました！」

そう言うと、マドカは嬉しそうに唇の両端を上げた。おやつを約束された猫のように。

「え、あ、いや、なんでもって……」

なんだかちょっとした一言が、急に大きな話になった気がする。

「あら、教授。そんなこと言ったんですか？」

「……ん、……まぁ、言ったかな」

たしかにさっき「なんでも聞きに来ていい」と言ったのは僕だ。まぁ、節度ある範囲でだが。

そんな僕を見て、綾乃は悪戯っぽい笑みを口元に浮かべた。

「この娘、質問魔なのよ……。そんなこと言ったら、際限なく質問しに来ますよ」

――え？　そうなの？

マドカに目を遣ると、置かれた割り箸を取り上げてパキンと割っているところだった。目が合った時、マドカの嬉しそうに上がった唇の両端は、猫というより小悪魔のように見えた。

――えっと、……気のせいだよね？

綾乃は「じゃあ、ごゆっくり〜」と笑いを嚙み殺しながら、満足げにまた厨房へと戻っていった。なんだか、はめられたような気がする。

――まぁいっか。なるようになるだろう。

僕も、箸を二つに割り、プレートの上の豚肉のピカタに箸を伸ばした。

この時は、僕はまだ知らなかった。本当にこの少女、マドカが容赦なく、あらゆる質問を抱えて、僕のところに訪れるようになることを。

この夏は結果的に小沢マドカの存在なくしては語れないことになるのだ。それは、賀茂川のほとりでコミュニケーションを通した人と人、人とロボットのつながりについて語る日々のこと。

窓からは相変わらず初夏の強い日差しが差し込んでいた。

第2章 ビブリオバトルっておもしろい？

ビブリオバトルってなんですか？

「教授〜。聞いてます？」

「……聞いてるよ」

「本当ですか〜？　ずっとパソコンの画面見てるじゃないですか。来週ビブリオバトルなんで、やばいんデスヨ〜。助けてください〜」

そう言って小沢マドカは僕の目の前、ノートパソコンの向こう側で机に突っ伏した。

「ビブリオバトルで助けるとかって、ないよ。別に、好きな本とかそこにいるメンバーに紹介したい本を適当に紹介してくりゃいいんじゃない？」

「え〜、大学の先生が『適当に』とか言っちゃってイイんですか？」

「イイんだよ。教授だから、余計にいいんだ。ビブリオバトルは適当にやるものなのさ」

「ん？　どういうことですか？」

机の上にのびたマドカが顔だけ持ち上げた。

初夏が徐々に、梅雨の季節に差しかかった頃、僕はまた喫茶店エトランゼでノートパソコンを開いて執筆を進めていた。そこに、女主人《ミストレス》の綾乃の姪っ子である女子高校生の小沢マドカがやってきたのだ。

今日のお題は『ビブリオバトル』。

ビブリオバトルは本の紹介を通したコミュニケーションゲームだ。知的書評合戦などとも呼ばれる。ビブリオバトルというゲームのルールは以下のとおりだ。

ビブリオバトル公式ルール

1. 発表参加者が読んでおもしろいと思った本を持って集まる。
2. 順番に一人五分間で本を紹介する。
3. それぞれの発表の後に参加者全員でその発表に関するディスカッションを二〜三分行う。
4. すべての発表が終了した後に「どの本が一番読みたくなったか？」を基準とした投票を参加者全員一票で行い、最多票を集めたものを『チャンプ本』とする。

二〇〇七年に京都大学で発案されて以降、二〇一〇年頃から徐々に全国に広まっていった。基本的に本の紹介ゲームであり、参加することで自分の好きな本を「布教」できるし、また、自分の知らないいろんな本に出会うこともできる。そういう意味で、楽しくてためになると評判だ。同時に、発表者による本の紹介を通じて、その人の新しい一面を知ることができたりもする。

のだ。

「人を通して本を知る、本を通して人を知る」というキャッチフレーズとともに親しまれている

　全国の大学や公共図書館、書店やカフェなどで開催される一方で、読売新聞社が主管となり開催する全国高校・大学ビブリオバトルといった全国大会や、生駒市図書館が主催する社会人の全国大会などもある。また、ＮＨＫのラジオでもビブリオバトルの番組が放送されるなど、メディアや開催地、ジャンルを問わず、広がりを見せている。基本的には知識共有とエンターテイメントとを兼ね備えた活動《アクティビティ》なのだ。最近は、読書推進になるということで、中学校や高校の国語科や情報科の授業で取り入れられることも多い。

　依然、マドカは机の上にだらしなくのびている。僕は仕方なく、開いていたノートパソコンを閉じた。ちょっと、真面目に相手をしないとマドカがへそを曲げそうだ。

「マドカちゃんは、ビブリオバトルってゲームの目的ってなんだと思う？」

「えっと、『生徒がもっと本を読むようになること』とか、『生徒が本の内容を上手く表現できるようになること』とかですか？」

　マドカは頬に人差し指を当てる。それは、ある意味でとてもシャノン・ウィーバー型の一般化コミュニケーションモデル的な説明である。つまり、本の内容を上手く脳内に入力し、脳内から正しく出力できるのが大切だという視点だろう。しかし、こういう視点が、ビブリオバトルに関する誤解を連れてくることも多い。

「本来の目的は『情報共有』じゃないかなぁ？」

「情報共有？」

「そう、情報共有。いちばん大事なのは、上手い発表をすることじゃなくて、本当に自分が好きなおもしろい本を持っていって誠意をもって、みんなに紹介して共有すること。それから、その場をカジュアルに楽しむことなんだよ」

だから、発表内容はある程度「適当」でよいのだ。発表の上手さばかりに気を配って、ガチガチに固まってしまっては本末転倒なのだ。

「マドカちゃんは『人を通して本を知る、本を通して人を知る』ってビブリオバトルのキャッチフレーズを知ってる？」

僕が彼女の顔をのぞき込むと、マドカは少し首をひねりつつ「あ〜、ポスターにそんなの載ってたの見たことあるかも」と、二度三度うなずいた。

情報はそれぞれの頭の中に分散している。これをいかに共有するかというのは大きな問題である。本に関する情報もあれば、人に関する情報もある。ビブリオバトルでは、ゲームとして楽しめるコミュニケーション場を作ることで、書籍に関する情報や、参加者個々人の人柄や知識に関する情報を共有するのだ。「人を通して本を知る、本を通して人を知る」ことこそが、ビブリオバトルを行うもっとも重要な目的なのだ。ここで、コミュニケーション場とは人々が集まって話し合い等を通じて相互作用する場だと単純に考えてほしい。

人を通して本を知る、本を通して人を知る

世の中では書籍が出版される勢いはものすごい。年間八万点といった水準で新しい書籍が次々に発行される中で、何人《なんぴと》たりとも出版されるすべての書籍を読むことなどできないのだ。僕たち、一人ひとりが人生を通して読める本の量は限られている。その中で、僕たちはどうやって本と出会っていけばいいのだろう。

書店や図書館の膨大な蔵書の前で僕たちは立ち竦《すく》む。識者が新聞に書く書評や書店員のポップで新しい本と出会うことはある。しかし、本と出会うための導きは、彼らの専売特許ではない。僕たちのすぐ側にいる友人たちの間に分散した知識だって、僕たちに導きを与えてくれるのだ。

こういう一人ひとりが持つ本に関する知識は限られていて、視点や経験、興味にも偏りがある。あらゆる本に関して完全な知識を持った人など存在しない。では、そういう風にいろんな人が分散的に持っている本に関する知識を上手く統合して、おもしろい本を見つけ出すことはできないだろうか。

隣人の頭の中をのぞけたならば、みんなが読んだ本の中から、自分の興味のある本を一冊検索することができるのかもしれない。でも、他人の頭の中はのぞけない。じゃあどうすればいいのだろう？　それぞれが手分けして探したおもしろい本を、コミュニケーション場を介して共有し「みんなが一番読みたくなった本」を浮かび上がらせればよいのだ。それがビブリオバトルであり、浮かび上がってきた本が『チャンプ本』なのである。

ビブリオバトルに関してよくされる質問に「なぜわざわざゲームにするのか？」というものがある。もちろん、ただ「みんなに紹介したい本を持ってきて紹介してください」と言って参加者の善意に委ねることもできる。しかし、実際にそれをやってみると、その場の目的がどうもよくわからなくなってしまい、参加者一人ひとりも何のためにどう紹介していいのかわからないことが多い。そしてしばしば盛り上がりにも欠けることになるのだ。一方、ビブリオバトルをやってみると「勝ちたいの！」というエネルギーが発生して和気藹々《あいあい》とした盛り上がりが生まれたりする。やはり、ゲームの力は偉大である。最近ではこういう風にゲームの力をさまざまな活動に取り入れてみんなの意欲をポジティブに高める手法がゲーミフィケーションや拡張現実ゲームなどという言葉で研究されている。

ビブリオバトルはそもそも「みんなが読みたくなる本を持ち寄って共有しよう」という考え方が中心にある。学校教育で活用される場合に「読書感想文の発表会」みたいに曲解されるケースがあるが、書籍情報共有のためのコミュニケーション場という考え方が本来その中心にある。

持ってきた本を五分かけて紹介するのは、紹介なしでは持ってこられた側がそれがどんな本なのかを知ることができないからだし、二〜三分のディスカッションをするのは、聞く側の理解や興味に基づいてコミュニケーションを双方向化しつつ説明を補うためだ。投票で『チャンプ本』を決めるのは、その場をゲームにすることで、各発表者の本の選択、紹介の仕方の工夫に関する意欲を高めて、その場をちゃんと「本に出会える場」にするためなのだ。

では、ビブリオバトルのよいバトラー（発表者のこと）とはどういう存在で、どういうプレイをするバトラーがこのゲームに勝利できるのだろうか。それは公式ルールの中にハッキリと書かれている。そしてそこに書かれていることは、同時にビブリオバトルというゲームそのものに込められた願いでもあるのだ。

《4. すべての発表が終了した後に「どの本が一番読みたくなったか？」を基準とした投票を参加者全員一票で行い、最多票を集めたものを『チャンプ本』とする。》

ビブリオバトルにおいて勝利するバトラーとは「みんなが読みたいと思う本を持ってくる人」である。その場にいるできるだけ多くの人が「読みたいっ！」と思った本を紹介してくれた人がこのゲームの中では誰よりも強い勇者なのである。その勝利をめざすバトラーたちは、本を紹介する相手のことをよくイメージして、「あぁ、〇〇さんならこの本を読みたいって言ってくれるだろうな」「〇〇さんにこの本を読んでもらいたいな」と思いながら本を選ぶのだ。

「マドカちゃんは、ビブリオバトルをやっていて楽しかったのってどういうところ？」

「そうですね。もちろん、いろんな本を知れるっていうのはあるんですけど、他の人が紹介してくれる本で『へ〜、この子、こんな本を読むんだ！』って驚いたりするのはなんだかおもしろいかなぁ〜。ずっと一緒のクラスだったのに、知らなかった一面があったりして。そんな感じで紹介してもらった本って、なんだか読みたくなったりします」

「そうそう、それがまさに『人を通して本を知る、本を通して人を知る』ってことなんだよね」

「『人を通して本を知る』っていうのはわかるんですけど、『本を通して人を知る』っていうのはビブリオバトルの目的の一つなんですか？　あんまり、読書推進とかと関係ない気もするんですけど？」

「そもそも、読書推進がビブリオバトルの本来の目的じゃないからね」

「え？　そうなんですか？」

「そうだよ。あくまで、ビブリオバトルが読書推進の助けになりそうだってことで文部科学省とか教育関係、出版関係の人々が活用しているだけで。本来のビブリオバトルはもっと多様な意義を持ったコミュニケーションゲームなんだ」

　そう言って、僕はメモ用紙の上に、ペンを走らせる。

①書籍情報共有機能
②スピーチ能力向上機能
③良書検索機能
④コミュニティ開発機能

「ざっと、この四つがビブリオバトルが広まりだした時に、ビブリオバトルの発案者がその機能として書籍で紹介していた内容だね。まぁ、実際には実証されていたり、実証されていなかったりするから、あくまで考え方の一つに過ぎないけれど」

マドカは少しだけ身を乗り出して、机の上のメモ用紙をのぞき込んだ。

「え〜っと。いままでの話で①書籍情報共有機能と、③良書検索機能はわかった気がします。あと、②スピーチ能力向上機能っていうのは五分間の発表をやるから、『みんなの前で話す練習になるゾ！』みたいな話ですか？」

「そうだね。日本だと欧米に比べて、みんなの前で自分の考えを話す練習の機会が特に少ないからね。パブリックスピーチって言うんだけど。この不足が、日本から新しい世界的な思想家や、世界を引っ張る政治家、科学者なんかが出にくい原因にもなっていると言われるんだ。ビブリオバトルは、そういう日本の言語教育に不足した部分を埋めるツールにもなると思うよ」

「へぇ〜。なるほど、ビブリオバトルって『本を読む』ための活動ってだけじゃないんですね。となると、この残りの④コミュニティ開発機能というのが……」

「そう！『本を通して人を知る』に対応する部分なんだ」

「『人を知る』ですか？　本ではなくて？」

僕は「そうそう」とうなずく。

「マドカちゃん、『人を知る』ってどういうことだと思う？」

そう僕が聞くと、夏の制服姿の少女は首をひねって左人差し指をおでこに押し付けた。これは、意外と難しい質問だ。でも、人との交流や、出会いを考える上では、大切な質問でもあるのだ。

「えっと……、顔と名前が一致する……、ていうのは、まぁ、人を知ることだと思いますが……」

「だと、すると、もう、マドカちゃんは僕のことを『知って』いるんだ？」

「エェー、その返しはなんだか意地悪ですよ、教授っ！」

マドカはジト目を作って唇を尖らせた。高校生らしい幼さが浮かぶ。

「ごめんごめん。まぁ、『人を知る』って具体的にはきちんとした定義があるわけではなくて、みんなよくわからないまま、なんとなく使っているんだよね。顔と名前が一致して、だれがどんな名前だか知るのはもちろん第一歩だと思うけど。もちろん、君という存在を表象する記号が『マドカ』って名前だけであるはずがないからね」

「たしかにそうですね。私も、教授と知り合いましたけど、教授の『人となりを知っているか？』って聞かれるとまだまだ全然知らないって気もします。あ、綾乃叔母さんとは、長いつき合いなんですよね？」

そう言って、マドカはすでにカウンターに引っ込んだ僕の旧友の名前を出す。綾乃とは大学のサークル時代からの付き合い。長いもんだ。

「たしかに、僕の『人となり』はマドカちゃんより、綾乃の方がよく知っているだろうなぁ」

「なんていうか、教授の言う『人を知る』って、名前を知っているってだけじゃなくて、その人がどんな人か、どんなことをやって、どんなことを考えている人かがわかるってことですか？」

「なかなかいいポイントを突くね。僕はその通りだと思うよ。この前、シャノン・ウィーバー型の一般化コミュニケーションモデルの話でもしたように、人の頭の中はのぞけないからね。その人が『どんなことを考えているか』なんて、話してもらわないとわからないんだよね。あとは、その人がどんなことをやってて、どんなことが好きかっていうのも、いろんな情報から推測するしかない」

「なるほど。でも、どうして、ビブリオバトルをやると『人を知る』ことになるんでしょうね」

マドカは腕を組んで悩みだした。本気で悩んでいるようだ。

そんな少女に、僕は人差し指を立てて一つの提案をする。

「う～ん。じゃあ、ちょっとビブリオバトル『モドキ』をやってみようか？　本の紹介が、『人を知る』につながるところを目撃するためにね」

そう言って、僕は、床のカバン置きに入れていた自分のカバンのファスナーを開けると、中を探って一冊の本を取り出した。

「えっ、今、ビブリオバトルやるんですかっ？」

突然の僕の動きに「まさか」とマドカは狼狽する。学校なんかでやるビブリオバトルは結構準備をさせたりするから、急にやるといわれると身構えてしまうのかもしれない。でも、本当のビブリオバトルっていうのは「ビブリオバトルやるぞ〜」「ちょっと待って、どの本にしようかな〜」程度のノリが基本なのである。

「あ、マドカちゃんは、やらなくていいよ。僕が本の紹介の部分だけビブリオバトルっぽくやるだけだから。モドキだからね、モドキ」

そして、僕は、スマートフォンを取り出すとタイマーを五分にセットする。机の上に斜めに立つようにスマートフォンケースの脚を開いた。

「わわわ、本当に本の紹介始めちゃうんですか？」

「もちろん！　じゃあ行くよ」

「はっ……はい！」

「よーい、スタートッ！」

僕は、スマートフォンの画面に映るスタートボタンを一回タップした。

――さて、僕の君へのおすすめ本の紹介を始めよう！

そして教授はマンガを紹介する

――百回以上やってきたビブリオバトルだ。五分で紹介するなんて、朝飯前。ただし、クオリティの保証はまったくなくて、基本的に僕の紹介はグダグダなんだけどね。

「では、一冊のオススメ本の紹介を始めさせてもらいたいと思います。今日は、高校二年女子高

生の小沢マドカさんに是非ともお薦めしたい一冊を持ってきました」

僕がいきなりビブリオバトルモードに入ったので、マドカは「お〜っ！」と、手を叩いて喜ぶ。楽しんでもらえたら幸い。いったい、おじさんが女子高生に薦める一冊とは何なのか？　この予測不可能性こそビブリオバトルの醍醐味。だから、事前に何の本を推薦されるのかわかっていたらおもしろさは半減する。

僕は、前振りを終えて、一冊の本を机の上に置いた。

『響〜小説家になる方法〜』[1]

「マンガじゃないですか？　しかも、『響』！　聞いたことありますっ！」

マドカは鳩が豆鉄砲を食ったような表情を浮かべて、机の上のマンガと僕の顔を交互に見比べる。

「そう、マンガ。大学教授がマンガなんて読まないと思った？　難しい本しか読まないと思った？　大間違いでした〜。大学教授だって、マンガも読めば、アニメも見ます。カラオケにも行けば、百均にも行くのです」

ベタにつかみのトークを繰り出す僕。とりあえず、すでにマドカの顔には「へ〜」って表情が浮かんでいるので、ミッションは早くも達成している感がある。でも、とりあえず続けよう。

「まず、このマンガは単純に、クオリティが高いし、いろんなところで爽快なカタルシスがあるんだよね。とにかく主人公が天才。天才文学少女なんだ。本を開くと現れるヒロイン。でも、ここでヒロインとその相方の男子の造形がなんというか、ちょっと、普通のマンガでよくあるイメージとは違うんだよね。ヒロインはいわゆる美少女からは程遠い眼鏡女子。なんというか、ゴリッと来ます」

僕はそう言って、ページをめくる。

「話としては、天才文学少女とそれに振り回される周囲って感じなんだけど、この主人公の響の生き様がおもしろい。とにかく自分を曲げないし、クラスの中に溶け込もうとか微塵も思わないんだ。日本の社会とか、学校って『周りに溶け込むこと』『調和を維持すること』にものすごく気を遣わせるよね。でも、その一方で、出る杭は打たれることがたくさん起きて、それで、いわゆる天才が生きにくい世界になっている気がするんだ。天才だけじゃない。そういう世界って、おもしろいことに挑戦しようとする高校生や大学生、そして、大人の研究者や実業家、創作家にとっても、ある種の生きがたさがある気がするんだよね。それを蹴っ飛ばしてくれるのが、響。そういう意味で爽快、爽快！」

一息に話す僕に、マドカは「うんうん」としきりにうなずいている。何を考えているのかはわからないが、その反応から、僕は自分の話が聞いてもらえていることがわかるし、マドカも『響』に興味を持ってくれていることがわかる。

「僕も教授なんていう職業をやっていると、まさにどこかで異端である必要があるし、誰にも理解してもらえないようなことを頑張って研究しないといけないこともある。研究者って基本的には孤独な職業なんだよね。それでも、僕の業界、そして、教授や博士っていう看板を背負った時から、みんなが『あぁ、あの人は変。でも、変でいいんだ。変であることがお仕事なんだ』と思ってくれるから、異端であることによるプレッシャーって決して大きくはないんだ。それに比べると、高校生なんていうのは、学級の中で、閉じた社会でどうしても、同調圧力が強くなる。そんな社会の中で生きていく、『オラオラオラオラー！』ってやっていくエネルギーをくれる本だと思うのね」

僕は話しながらいくつかの『響』の名シーンを思い出す。本当に熱い。必読書なのである。

「あと別のポイントだけど、僕自身が、書籍を執筆することもある。でも、僕の書く書籍って専門書であったり、解説書であったりして、いわゆる『文学』じゃないんだ。でも、だからこそ、文学に対する憧れみたいなものもどこかにあるんだね。そんな文学の世界のスーパースターとして、暴れまわる主人公って、僕にとってなんだかすごいヒーローに見えるんだ。おっと、もう、時間がなくなってきた。えっと、この作品は『マンガ大賞二〇一七』も受賞している、お墨付きのシリーズなので、是非読んでいただければと思います！」

そこで、スマートフォンのタイマーが「ビリリッ！　ビリリッ！　ビリリッ！」と鳴った。最後に『響』を持ち上げて表紙を見せた。マドカは「おー」と感嘆を漏らし、パチパチと手を叩いた。

――おぉ、僕にしては、結構まともな発表ができたぞ。最近はだいたい喋りすぎて五分ではまとまらなくなって、グダグダになることが多いんだけど……。

「教授！　スゴイ！　さすが！　今のアドリブなんですか？　ライブ感もあった気がします！」

素直に賛辞を贈ってくれるマドカ。そう言ってもらえると嬉しいです。

「ありがとう～、ありがとう～。……まぁ、だいたいこんな感じ」

そう言って、僕は『響』の九巻を脇に置くと、氷水の入ったグラスを口に運んだ。ちなみに、九巻は一か月ほど前に発売になって買えていなかったのを今日買ってきたのだ。それで、偶然カバンの中に入っていた。偶然だけど、マドカにお薦めしたいのは本当だからね。

「じゃあ、『モドキ』も終わったところで話を戻してみよう。ビブリオバトルでは『本を通して人を知る』って言う時に、だいたい二つのポイントがあるんだ」

僕は机の上のメモ用紙に、本の絵と人の絵を描いた。そして、まず、本から人に向けて矢印を書く。

「まず、一つは、『本が人を表象する』っていうこと」

「本が人を表象する？」

マドカは何のことだかわからないといった顔をする。僕はコクリとうなずく。

本語りは自分語り

「たとえば、この本の紹介の前に、マドカちゃんは、僕について何を知っていた？」

「えっと。大学の教授であること、コミュニケーションについて詳しいこと、綾乃叔母さんの大学時代からの友だちだということ……、とかでしょうか？」

「そうなんだ。それって実は僕を表している『記号』なんだよね。そういう記号、ちょっと比喩的に言うと、そういう色眼鏡で君は僕を理解するし、理解できるんだよ」

「あー、たしかに。そういう側面はあるかもしれないですね。そういう風なキーワードで教授のことを理解しちゃっていた気もします。実際にはもっとモワッとした感じで、イメージを持ってはいますけど」

「じゃあ、いまの五分間の本の紹介が終わってからはどう？」

僕がそう言うと、少女は僕の手元の『響』と僕の顔を見比べた。

「まぁ、『「響」とか読んでる人なんだナー』ってことですかねー。あと、『教授も苦労してんだナー』って感じ？」

なんだか感想が投げやりな感じもするけど、的を射てはいる。うんうん、と僕がうなずくと、マドカは両手でハーブティーのグラスを持ち上げて一口すすってから、続けた。

「教授が『響』を読んでたっていうのは、ちょっとビックリで、いわゆる教授ってイメージとちょっと違ってたんですよね～。まずマンガが出てくるとは思ってませんでした。で、あと、理系の先生だって聞いてたから文学とか興味ないのかなって思い込んじゃってて」

「そういうこと。それが、ビブリオバトルで『本が人を表象する』ってことの意味なんだよ」

僕はビブリオバトルの公式ルールをあらためて示す。

《1．発表参加者が読んでおもしろいと思った本を持って集まる。》

「実は、この一項目の真の目的がこれなんだ。発表参加者が読んでおもしろいと思った本を『自分自身で選んで』持って集まるからこそ、その本はその人の『人となり』を表象する記号として働くんだ」

「なるほど。たしかに、教授の知らなかった一面が見えてきて、ムクムクって、教授に聞いてみたい新しい質問も増えてきた気がします！」

「えっ……そ、そう？」

「え〜っと、私の好きな他のマンガを教授も読んでるのかとか、教授の好きなマンガは他にどんなのがあるかとかですね！」

――と、なんだか、急にテンションが上がってきたぞ。でも、まぁ、これでこそビブリオバトルだ。人を通して本を知ることが、本を通して人を知ることにつながって、よりコミュニケーションの幅を広げるのである。

盛り上がって一息に話したところで、目の前の少女は「あっ」と何かに気づいたように静止した。

「教授、これって共有信念ってヤツですか？」

「お。よく覚えていたね」

それは、僕とマドカが初めて会った時に、彼女に説明していたコミュニケーションを理解する上で重要なキーワードだった。共有信念とは、その言葉通り、会話に参加している参加者が共有している信念のこと。会話に参加する両方が知っていて、また、両方が知っているってことを両方が知っているってこと。まさに今『響』の紹介を通して、僕たちの共有信念に「僕が『響』を読んでいる」ということ、そしてそれにまつわるさまざまな事柄が、加わったのだ。

「ビブリオバトルは、読んで好きだった書籍情報の共有を通して、参加者、つまり、コミュニティの中での共有信念を増やすんだ。だから、ビブリオバトルにおける『本を通して人を知る』は、そのビブリオバトルの場だけにとどまらないんだ。そこで培われた共有信念は日常の会話にも影響を与えて、クラスの中の友人付き合いにだって影響を与えるんだよ。それが、④のコミュニティ開発機能ってことなのさ」

僕はメモ用紙に書いた四項目の最後の行を指で差す。

「なんだか、公式ルールのたった四項目の中に、いろんな要素が入り混じっているんですねぇ」

マドカは僕の説明に何度も首を縦に振ってうなずいた。彼女のグラスの氷が溶けてカラリと音が鳴った。

　頭の整理をしているのか、栗毛色の髪の少女は、斜め上の天井を眺めている。木組み模様の天井には褐色のシーリングファンが回っていた。

「そういえば、ビブリオバトルでは『本を通して人を知る』って言う時に、だいたい二つのポイントがあるって、おっしゃっていましたけど、一つ目が『本が人を表象する』ってことだとしたら、二つ目は何なんですか？」

「あー。それね。えっとね。『本の紹介を通した自分語りと解釈の表出』かなぁ」

「なんですか？　それ？」

「まぁ、一つ目が『本の選択』自体による効果だとしたら、二つ目は『本の紹介』による効果と言えるだろうね」

　僕は、机の上のメモ用紙に描いた本と人のイラストに、今度は人から本に向かって矢印を引いた。そして、「本の紹介を通した自分語りと解釈の表出」と書き足す。

「人はビブリオバトルで本の紹介をする時、五割くらいは本の内容について話すんだけど、三割くらいは少なくとも自分自身について話すんだよ。自然とね」

「自分自身のこと？」

「そう。どうして自分がこの本を読んだかとか、自分がどういう人間かとか、そういう話だよね。人に本を薦めようとすると、あらすじだけ話して『読んで下さい！』って言っても全然届かないんだよね」

「たしかに。そうかも」

「聞き手だって自然と『で、それを読んでどう思ったの？』『で、なんで君はそれを読んだの？』『なんでわざわざ紹介するの？』って疑問に思ってしまう。みんなの関心事は『その本がおもしろいかどうか』『自分も読んだほうがいいかどうか』だからね。得てして、主観的なものなんだよ」

科学者が『主観』という言葉を使う時、ややもすると、そこにはネガティブなニュアンスがつきまとう。しかし、僕たちは自分の人生を主観的に生きている。僕たちの理解や意思決定は主観的なものだ。客観的な事実も大事だけれど、主観としての観察者の視点、行為主体の視点も忘れてはならない。

「だから、ビブリオバトルの場では自然に『自分語り』が出てくるんだよ」

「その『自分語り』があるから『本を通して人を知る』になるわけですね。たしかに、さっき、教授もメチャメチャ『自分語り』してましたもんね～」

納得した、というようにマドカが言うので、僕も一つうなずいた。

「あー、私も、きっと学校のビブリオバトルでおもしろかったところって、そこなのかも。ヤンキーっぽい男子の発表で『え？　アンタそんな本でそんなこと考えてたの？　真面目じゃん！』っていうのがあって、おもしろかったりしましたし。わかりました！　『本を通して人を知る』の二つ目のポイントは、本の紹介を通した『自分語り』なんですね」

マドカは、なるほどなるほどとうなずいたあとに、机の上のメモ用紙に目を落とした。「本の紹介を通した自分語りと解釈の表出」と書かれたメモ用紙。冷たいグラスのかいた汗が机の上で広がって、その端が少し濡れていた。

「ん？　この『解釈の表出』ってなんですか？」

「あー、それを説明するには、ビブリオバトルにおける『書籍のメディアとしての二重性』に関して説明しないといけないなぁ」

「メディアとしての二重性？」

マドカの疑問符に僕はうなずき、手元の『響』をつかんで裏返した。

メディアとしての二重性

「マドカちゃんは『メディア』って何だかわかる？」

「えっと、メディアっていうと新聞とかテレビとかのことですか……？」

マドカは首を傾げる。

「そうだね。日常生活の用語としては『メディア』っていうと、そういうのを連想するよね。今、マドカちゃんが言ったのは、いわゆる『マスメディア』だね。マスっていうのは巨大っていう意味で、大きなメディア。テレビとか新聞とかね」

「小さいメディアもあるってことですか？　えっと……、学校新聞とかユーチューバーの番組とかですか？」

　僕は「う〜ん、まぁ、そうなんだけど」と腕を組む。ちょっと、立ち戻らねばならないか。

「まずはメディアっていう言葉の一般論をやろうか？」

「あ……はい、お願いします」

　マドカは素直に一つうなずく。では、立ち返ってみよう。シャノン・ウィーバー型のコミュニケーションモデルへ。

「前回のシャノン・ウィーバー型のコミュニケーションモデルの話は覚えているかな？　符号器があって、情報が信号になって伝わって、復号器で元に戻されることで情報が伝わるっていうやつ」

「はい！　なんとなく覚えています！」

　そこまで「なんとなく」を強調されると心強いような気も心許ないような気もするが、とりあえずは話を進めることにしよう。

　書籍というのは、こういう標準的なモデルで解釈した時には「著者と読者をつなぐメディア」になる。つまり、著者の考えやイメージを読者に届けるメディアなのだ。どんな書籍であっても、著者はみずからの思い描くことを、文章や図にして書籍の上に書き落としていく。これは、紙の書籍でも、電子書籍でも変わらない。これに対してビブリオバトルで起きる現象は、書籍の紹介という語りが書籍を「読者と読者をつなぐメディア」にするということだ。

　書籍に対する語りという行為を考えてみよう。それは、ただ、著者の考えを、他の読者に伝える行為ではない。ビブリオバトルでの本の紹介には、明確に「自分語り」や「解釈の表出」が現れる[2]。書籍に対する語りは、著者の考えを書籍というメディアを通して、真っ直ぐに他の読者に伝える行為というよりも、新たな創造行為なのである。二次創作と言ってもよいかもしれない。

「マドカちゃんも、ビブリオバトルの発表を聞いて『おもしろい』って思うことあるでしょ？」

「もちろんですよ〜」

「その時、おもしろいのって、本？　それとも、発表者の人の考えとか語り？」

「んー、両方ですけど、私の場合はどちらかと言うと、本そのものじゃなくて、その発表者の考えとか語りですかね？」

「そう。それが、もう、ビブリオバトルの場所で新たな創作が生まれている証拠なんだよ」

「この『解釈の表出』っていうのが、それに関係するんですか？」

　マドカは首を傾げる。僕はコクリとうなずく。

　書籍というのは言葉の集合体である。言葉は記号である。そして、僕たちが日頃何の気なしに使っている記号には、ある特徴がある。それは「それ自体は指示対象そのものを含んでいない」ということだ。当たり前なのだが、「リンゴ」という言葉、その文字列や、音声のどこをこねくり回してもリンゴそのものは出てこない。それが記号なのだ。じゃあ、なぜ、僕たちが「リンゴ」という言葉を聞いて、リンゴのことだとわかるのかというと、それは、僕たちがリンゴのことを知っていて、食べたことがあったり、見たことがあったり、握ったことがあったりして、その経験を通して、「リンゴ」という言葉からリンゴのことを想像できるからだ。これを、「リンゴ」という記号を解釈するという。

一般的に記号に正しい意味というものは存在しない。他者の頭の中をのぞけない以上、「正しい意味」というものを持ちようがないのだ。それゆえに、僕たちは、記号の列に希望を託して、他者に届ける。自分の考えていることを、上手く受け手が解釈してくれる希望を託しながら。しかし、僕たちの頭の中と他者の頭の中がイコールになることはない。

「たとえば、今、僕がマドカちゃんに次のような一文を物語ったとしよう。『雲一つない青空が広がる朝だった。絵美子は扉に手をかけると「行ってきます」と声を張り、玄関から飛び出した。』こう言われた時に、その風景ってイメージできる?」

マドカは首を少し傾げてから、コクリと縦に振る。

「はい。なんとなくできますよ」

「でもね、この百文字にも満たない文にはなんの画像データも込められていないんだ。今、君が思い浮かべた風景っていうのは、君が自分の見たものや経験したものの記憶をつなぎ合わせて、あくまで、そのほんのちょっとの文字数をきっかけにして、頭の中で再構築したものに過ぎないんだよ」

「つまり、それが解釈ってことですか？」

「その通り～」

パソコンで画像データを開くことを考えてみよう。雲一つない青空の中、玄関を飛び出す少女を写した写真だ。それは、きっと小さくて数百キロバイト。高精細なものであれば数メガバイトはあるはずだ。これに対して、百文字に満たないテキストデータは一キロバイトもない。比喩的な話でしかないが、文字列が持つ情報の千倍もの情報を読者は自分自身で創造的に加えて、その文の持つ意味を解釈しているのだ。

「バトラーの発表は、書籍に関する語りを通じて、自らの創造的な解釈を表出しているんだ」

それは自ずと、書籍が「読者と読者をつなぐメディア」になることに貢献するのである。

「どう？　わかったかな？」

僕は手元のグラスを口に運ぶ。初めは浮かんでいた氷もすべて溶けている。質問魔のハーブティーのグラスも空になり、僕のコーヒーも褐色の飲み残しのみが底に薄く残るだけだ。

「う～ん。なんとなく、わかった気がします。正直、最後のお話はちょっと難しかったけど」

――うん、まぁ、そうだと思う。記号の解釈の話は難しい。機会があったら別の話題に絡めながら話すことにしよう。

でも、そうやって、本は著者から読者へのメディアになるだけでなくて、読者と読者をつなぐメディアにもなるんだ。それがビブリオバトルにおける、本のメディアとしての二重性だ。

ゲームで守る読書と表現の自由

ビブリオバトルはゲームだ。本の紹介コミュニケーションの場を作り出すゲームなのだ。ビブリオバトルがゲームでなくなれば、ビブリオバトルの持つさまざまなよい効果も次々と失われていく。

「ゲーム」のポジティブな利用について研究するジェイン・マクゴニガルは、著書『幸せな未来は「ゲーム」が創る』（早川書房）の中でゲームの四要素として①ルール、②ゴール、③フィードバック、④自発的な参加、を挙げている。

①ルールは、何をしたらよくて、何をしたら駄目かといった規制や制約。サッカーでの「サイドラインを割ったらスローインになる」といったような手続きを表す。

②ゴールは、何をすれば勝ちかを決めるようなゲーム内での目的だ。サッカーなら何点分ゴールネットにボールを入れるかということだろうし、ファンタジーRPGなら最後に魔王を倒すことかもしれない。

③フィードバックは、各プレイヤーが何かを行った時に、それに対する応答がなんらかの形で返ってくるということ。テレビゲームのシューティングゲームやアクションゲームでは、プレイヤーのキャラクターが攻撃すると、その結果が音や映像をともなってすぐにフィードバックされる。このような即時的な刺激応答は、人間を惹きつけ、人間がゲームにハマる基本的な素地を作る。ちなみに、僕たちがソーシャルメディアにハマりがちになってしまうのも、自分の投稿に対

する「リツイート」や「いいね！」などのフィードバックが即時的に発生することが理由の一つであろう。ソーシャルメディア自体がゲームの要素を持っているのだ。

最後に、④自発的な参加だが、この視点は実におもしろい。これまでの三つの要素はすべて設計されたゲームそのものの性質についてのものだが、最後のこれはむしろゲームの参加者、そしてゲームを取り巻く環境に関するものだ。どんなゲームでも、それをプレイすることを強制されてしまうと、とたんにおもしろくなくなるということがある。後に述べるように、ビブリオバトルのようにそれぞれに分散している知をみんなで活かそうとするコミュニケーションゲームだと、参加を強制するデメリットはなおさら大きい。

さて、ビブリオバトルの公式ルールは前掲の通りだ。ゲームというものはそもそも物理的実体がないものだ。たとえば、サッカーを例にとってみよう。サッカーボールやゴールやユニフォームなど、目に見える形でサッカーを表象する記号はあるが、それはサッカーそのものではない。サッカーというゲームはルールによって規定されるのだ。ルールの構成要素の一つか二つが変わると、ゲーム自体が変質したりする。

「――とまぁ、そんな感じ」

僕はひととおり説明して、マドカのほうを見る。

「教授～。ルールを変えたらゲームが変質するってどういうことですか？」

「たとえばね。『なぁなぁ、俺、エエこと思いついた。今日のサッカー、全員手を使っていいことにしよう!』って言う男の子がいたらどう思う?」
「えっ? ウザいですよ。それ、サッカーじゃないですし」
「ねっ。ゲームっていうのはルールの集まりでできあがっているんだ。ルールが変わったらサッカーがサッカーじゃなくなっちゃうし、そのゲームの『上手いプレイ』なんかも変わっちゃうんだよ。変質ってそういうこと」

僕がそう言うと、マドカは「なるほど」とうなずいた。

ビブリオバトルの公式ルールは、まさに、ビブリオバトルがビブリオバトルであるための、最小限の決まりだ。他のスポーツのルールに比べると、たった四項目というのは、相当少ない。それゆえに、ビブリオバトルのエッセンスがここに詰まっているのだ。ビブリオバトルは本の紹介という行為をゲーム化したものであり、その定義としてのルールはとても大切なのだ。

残念なことに、特に学校でのビブリオバトル活用を中心に、こういうビブリオバトルの性質を台無しにすることがしばしばなされている。具体的には公式ルールの一部を改変し、書籍の選択や発表内容に対して明に暗に制約を加えるのである。そのような行為が、ゲームを楽しむ上での一人ひとりの大切な自由を奪っていく。

公式ルールを改変して質疑をなくしたり、投票をしなかったり、先生がチャンプ本を決めたりするというあからさまな問題はここで取り上げて指摘はしないが、教育現場においてもっともよく見られるビブリオバトル活用における問題について紹介しておこう。それは、生徒たちへの原稿作成の強制である。

学校でビブリオバトルをする場合に、事前に生徒に原稿を書かせて、それを先生がチェックするということが、教育の名のもとになされることがある。ビブリオバトルにおける事前の原稿作成の指導は根本的な問題を孕《はら》んでいると僕は考えている。二つの論点から、この問題を指摘したい。

一つ目は書き言葉と話し言葉の違いだ。ビブリオバトルは話し言葉で行う本の紹介ゲームである。書き言葉を読み上げていては意味がない。ビブリオバトルは目の前にいる人に読んでほしい本を紹介するのが目的である。上手い読書感想文を書くことが目的ではない。事前準備で原稿を書くこと、それを読み上げることが中心になっては、読書感想文の発表会と変わらない。それでは、その発表を聞く生徒たちが「語りかけられる」ことはなくなり、置きざりになる。ビブリオバトルで培われるコミュニケーション能力というのは、その場の人たちに自分の言葉で語りかけることのできる能力である。原稿という静的な存在に言葉を氷結させてはならない。少なくともこのような違いを理解することなく、原稿作成をすべきだと安易に指導するべきではない。

二つ目は読書の自由と表現の自由についてだ。ビブリオバトルにおいて指導の名のもとに先生が事前に原稿をチェックするのは、先生にその気はなくても検閲の効果を持つ。原稿と原稿の裏に先生の影が潜むことで、この自由な活動に暗黙の統制が忍び込む。紹介する本や、読む本に対する影響も滲《にじ》み出る。先生に対してよい子であろうとする生徒ほど、この影響を受けるだろう。

それではビブリオバトルという場は「本を通して人を知る」コミュニケーションの効果を発揮できない。

先生の視点による表現の指導は、「どのような表現であるべきか」を押し付けてしまう。特に、ビブリオバトルを自分自身ではやったことのない先生が訳知り顔で原稿指導をするという事例が散見されており、その指導がまったく見当違いであることもしばしばある。このような原稿指導は、ビブリオバトルが一番大切にする「読書の自由」「表現の自由」に対して、負の影響を与える可能性がある。また、生徒たちの実践を通した学びを阻害することすらありえるのだ。原稿など書かせずに、ワークショップ型と言われる少人数のビブリオバトルに飛び込ませるのが王道なのだ。

ビブリオバトルと読書感想文の発表会は根本的に異なる。教育現場でビブリオバトルを「勝敗を決める読書感想文の発表会」だと誤解している先生をもし見かけたら、是非、ビブリオバトルがなんであるかをあらためて学ぶようにご指摘いただけると幸いである。多くの子どもたちがより楽しくてためになるコミュニケーション場の効果を享受できるようになることを願っている。

そんなことを考えながら、天井で回るシーリングファンを見上げていると、視界にエプロンをかけた女性の姿が入ってきた。この喫茶店エトランゼ、女主人《ミストレス》の綾乃——僕の若かりし頃のサークルの後輩。彼女は「入れますね」と言って、僕が返答をする前にコーヒーカップを手に取ると、コーヒーのお代わりを注いだ。ちょうど、お代わりが欲しかったところだ。目の前のマドカも「私も私も〜」と言うので、綾乃は「はいはい、ハーブティーのお代わりでいい？」と尋ねて、マドカがうなずいた。

「でも、ビブリオバトルだけで、こんなに話が広がるんですね〜。ビックリです」

マドカは、机の上に頬杖をつく。ついた肘の隣ではハーブティーのグラスの下に小さな水たまりができていた。

「でも、まぁ、僕としては、ビブリオバトルに関してだけでも、まだまだ、話し足りないことはあるんだけどね」

「ひえぇ〜、さすが教授です」

「でも、今日はさすがにこのくらいにしておこうか。質問魔さん」

頬杖をついて「ですね〜」と斜め上に視線を泳がせる少女の顔を、僕は眺めた。ふと気づいたように「あ、質問魔じゃないですし」と返す少女に、僕は一瞥もせずに「遅いよ」と返す。

賀茂川につながる店の奥の窓から西日が差し込み、彼女の背中を紅く染めていた。その隣には、トレーの上にハーブティーのポットとお皿を二つ載せた綾乃が戻ってきていた。視線を上げると目が合った。親戚なだけあって、やっぱり二人の面影は少し似ている。

「まぁ、喋りだしたら止まらない教授と、質問魔のマドカがそろったらそうなっちゃうわよね。二人を引き合わせるなんて、私も罪なことをしちゃったものね」

綾乃はそう言って悪戯っぽく微笑むと、机の上に二つのお皿を置いた。

「ガトーショコラと、ニューヨークチーズケーキ。お好きな方をどうぞ」

「わ〜い、ありがとう！　綾乃さん！」

「え？　僕、頼んでないけど？」

素直に喜ぶ親類と、困惑する赤の他人。マドカは叔母のことを「綾乃さん」と呼ぶらしい。

「サービス、サービスよ。うちのマドカに特別講義ありがとうございます、ってことで」

——まぁ、なんだ。ついつい喋ってしまっただけだったけど、そういうことならもらっておこう。

マドカがニューヨークチーズケーキを取ったので、僕はガトーショコラを頂いた。

「教授、本当に、ビブリオバトルには詳しかったでしょ？」

「うん。綾乃さんの言ったとおりだったよ」

——あれ。もしかして今日の質問は綾乃の差し金だったのか？

僕は、手元のフォークを遠慮なくガトーショコラに突き刺して、とりあえずひとかけらを口に運んだ。きっとこのケーキは、僕の労働への対価なのである。

「でも、ビブリオバトルがそういうものだったら、学校の国語の授業でやるよりも、もっと、文化祭でやったり、放課後の図書委員会でやったり、街中のお店でやったりした方がいいのかもしれないですね。たとえばこのお店とか？　どう、綾乃さん？」

と、いいことを思いついたと言わんばかりにマドカが両手を合わせる。

綾乃はそんなマドカの提案を笑顔で受け止めると「いいわね」と笑った。

――ビブリオバトル@喫茶店エトランゼ。いいかもしれない。

一人の女性と一人の少女が、ふと思いついたアイデアに花を咲かせる様子を眺めて、僕は目を細めた。

もうすぐ五月が終わる。

第3章 コミュニケーション場のメカニズムで変われます？

会議で意見が出ないんです

六月は梅雨空だ。喫茶店エトランゼのいつもの座席から屋外を眺めると、しとしとと雨が降っていた。僕はここで書籍の執筆を進めている。自室でもいいのだが、やっぱりなんだかんだで、カフェや喫茶店で執筆する方がはかどる。

僕は顔を上げてカウンターの向こうで、お皿を洗う女性を眺めた。大学の後輩がこの喫茶店の女主人《ミストレス》なのだ。あまり長居をするのも悪いのだけど、昔馴染みのよしみで寛大なご配慮をいただいている。

先月、紹介されて以来、小沢マドカという綾乃の姪っ子の女子高校生が何かと質問を持って、僕のところにやってくるようになった。この前は、ビブリオバトルに関して質問された。ちょっと、長く話し過ぎてしまった気がする。自分の執筆時間がなくなってしまうので、ほどほどで切り上げるようにしなくてはと思う。

——カランコロン

その時、喫茶店エトランゼの入り口扉のベルが鳴った。

63　コミュニケーション場のメカニズムで変われます？

「あら、いらっしゃい。ずぶ濡れじゃない?」

綾乃は流水にさらしていたお皿の水を切り、蛇口を締めると、濡れた手をタオルで拭く。視線の先には店の入り口に立つ少女二人組の姿があった。マドカと長い髪の女の子。

二人とも傘を差してはいたようだが、制服は雨に濡れていた。「ちょっと待っていてね。バスタオル持ってくるから」と綾乃がカウンターの奥へと消えた。

入り口のマドカは「ありがとう〜、助かる〜」と綾乃の背中に声を投げ、後ろの少女は申し訳なさそうに小さく頭を下げた。

店内を見回すマドカと目が合った。あ、ヤバイ、見つかった。「あ、教授だ」とマドカがこっちを指差す。後ろの少女が「え?　どの人?」と言うので、マドカは「アレアレ」と右手人差し指を露骨にこちらへと向ける。

マドカの後ろの少女とも目が合ったので、僕は「どうも」と口だけ動かしてペコリと頭を下げた。少女は遠慮がちに、首を少し前に動かした。マドカとは違い、人並みの遠慮は持っている少女のようだ。僕はとりあえずマドカ級に厚かましい女子高生が二人に増殖しなくて済んだことに安堵した。

カウンターの奥から、綾乃が、二枚のバスタオルを持って出てきた。二人は「ありがとう」「ありがとうございます」と口々に言うと、濡れた身体を少し拭く。綾乃が「温かいミルクティーでも入れようか?」と声をかけると、マドカは「嬉しい」と答えた。そして、二人は店内へと進むと、さもそこに座るのが当然であるかのように僕の隣の席へと腰を下ろした。

——えっと、他にも座席はいっぱいあるから、遠くに座ってもいいんですよ？　ほら、奥の座席とか賀茂川が見えて絶景ですよ。僕は、ちょっと執筆に集中したいんで。

そんなことを考えながら僕は素知らぬふりで、ノートパソコンのブラウザを開いてオンラインのエディタに文章の続きを書き始める。でも、隣に座った女子高校生二人組、というか、小沢マドカは僕をそっとはしておいてくれないようである。

「夏子、こちらが、前からよく話していた教授。教授、こっちが、私の友だちの夏子、今は文化祭企画委員を一緒にやってるんだ〜」

小沢マドカは、こっちが許可もしていないコミュニケーションチャンネルを強引にこじ開けてきた。質問魔の名にふさわしい踏み込み方である。逆に清々しい。

「こんにちは。木村夏子です。小沢さんにはいつもお世話になっています」

そう言うと濡れた黒い長髪を垂らしながら、木村夏子は僕にペコリと頭を下げた。

「どうもよろしく。女主人《ミストレス》の旧友で、この喫茶店によく出没するものです。『教授』って呼ばれているから、それでいいよ」

僕も外向きの笑顔を作って少女に軽く頭を下げた。

その様子をカウンターから眺めていた綾乃が、「教授、何か要る？　コーヒーのお代わりに、何かつまむもの……フライドポテトでも作りましょうか？」と不自然にニコニコしながら言うので、言外の意味を推察し、僕はご厚意に甘えることにした。つまり、フライドポテトは、これから始まる質問に応じる報酬なのだ。しばらくすると、綾乃が、二人にミルクティーと、僕にブレンドコーヒーを持ってきて「ごゆっくり」と楽しそうに厨房に戻っていった。

「教授さんてコミュニケーションについての研究が専門なんですよね？」

ミルクティーを一すすりしてから、その夏子と呼ばれた少女が口火を切った。

「そうだよ〜」と、勝手にマドカが答える。

「いや、それは、ちょっと誤解を招くなぁ。コミュニケーションについてよく考えてはいるけどね。いちおう、専門は人工知能、ロボティクス、創発システム論だなんて言っているけれどね……」

「難しそう……」

僕が真面目に答えると、マドカと夏子は口をそろえて、表情の上でそれらの専門用語に対する距離感をあらわにした。

——まぁ、たしかにね。僕らの分野はすぐ「難しそう」と言われてしまいがちだ。

「えっと、教授に日常のコミュニケーションのことなんかも質問しちゃって大丈夫ですか？」

マドカはそう言って、夏子と僕の顔を交互に見る。少し遠慮気味な夏子の言葉を補うような形だ。何か学校で問題でもあったのだろうか？　気になって夏子の顔をのぞき込むと、少し思い詰めたような表情を浮かべていた。

——僕なんかで高校生のコミュニケーションの相談にのれるかはわからないが。話を聞くらいならば、まぁ、構わないだろう。

「専門とは言いがたいから、答えられることしか答えられないけど。それでもよかったら、遠慮なく質問してごらん」

僕が夏子の方を向いてそう返すと、マドカは「だってさ」と、夏子の左腕をつついて発言を促した。少し視線を泳がせた後に、夏子は「それじゃぁ——」と、学校であった出来事を話しだした。

夏子はマドカと同じく私立清新大学附属高校の二年生だ。秋に開催される文化祭の実行委員会である文化祭企画委員会で、総務パートのパートリーダーをやっているのだという。ちなみに、マドカはその副リーダーなのだそうだ。

「君はそんなことをやっていたんだな。似合わん」

「失礼ですよ。教授」

僕が驚くと、マドカは心外そうに唇を尖らせた。

「でも、そんなパートリーダーとかって三年生がやるもんじゃないの？」

僕が尋ねると、夏子は首を左右に振った。

「うちの学校、三年生は受験勉強に集中する人も多いので、パートリーダーは二年生がやって仕切るようになっているんです」

「へー、それじゃあ、三年生は文化祭企画委員会には入らないんだ？」

僕が確認するように尋ねると、夏子はふたたび首を左右に振った。

「いいえ、委員には三年生の人もいます。特に、二年間文化祭企画委員会に入っていた人が二人ほど残っているんです。一年生が七人、二年生が私とマドカを含めて六人、三年生が二人といった感じです」

「うわー、面倒くさそうっ！」

「面倒くさい？」

——あ、いかん。思わず本音が漏れてしまった。

「うん、まぁ、二人の話を聞くのが面倒くさいというわけじゃなくて、その状況が面倒くさそうだなぁと……。だいたい相談の内容はわかった気がするけど、続けて」

「あっ……はい」

そして、夏子は文化祭企画委員会の「お困りごと」を告白した。

「文化祭企画委員会の会議で全然意見が出ないんですっ！」

——やっぱり、そうきたか。

夏子の困っている内容は、文化祭企画委員会の総務パートで、今年の文化祭の方向性や企画に関して、話し合って進めていかないといけないのだが、みんなが全然意見を出してくれなくて困っているというのだ。「どうすれば、みんなに意見を出してもらえるようになるだろうか？」

というのが相談の主旨だった。

「教授の先生に聞くような話じゃないのかもしれないんですが、マドカが『いいじゃん、聞いてみようよ、聞いてみようよ』と言うので……」

そう言うと申し訳なさそうに、夏子はうつむくように顔を伏せた。僕がマドカの方をみると「ん?」と小首を傾げてどこ吹く風だ。

「状況を確認したいんだけど、会議をしていても、話すのが、ほとんど夏子ちゃんとマドカちゃん、それから三年生の先輩ばっかりになって、一年生と他の二年生の意見がほとんど出てこないってことでいいのかな?」

夏子は僕の言葉にコクリコクリとうなずいた。なぜ、そんな細かな状況がわかるのか、と言わんばかりに。

——いや、わかるよ。もはや、こういう現象は自然の摂理に近いからね。

マドカはため息をつきながら右肘をテーブルについて、頬杖をつく。

「やっぱり、自分の意見は言わないと駄目だと思うし、後輩にも同級生にも『ちゃんと、発言しなきゃだめだよ~』って言うんですけどね。みんな全然発言してくれないんだ~」

そう言ってマドカは「なんでだろうね?」と首を傾げる。夏子も「そうだよね、みんな文化祭がどうなってもいいって思っているのかしら?」と、ため息をついた。そして、僕はそんな二人の様子に、ため息をつく。

僕はさっそく、カバンの中に仕舞っていたクリアフォルダの中から付箋を取り出して、ボールペンを走らせて、二人のテーブルの真ん中に貼りつけた。

《コミュニケーション場のメカニズムデザイン》

「なんですか、これ？」

机の上に貼られたその付箋の文字列に夏子は首を傾げた。それが、本日のキーワードだ。

コミュニケーション場のメカニズムデザイン

「『コミュニケーション場のメカニズムデザイン』って……なんですか？」

夏子がその付箋の文字を読み上げて首を傾げる。

「まぁ、そんなに有名な言葉じゃないけどね。『メカニズムデザイン』っていうのは日本語では制度設計。別の言い方をすると、ゲームのルールを作りましょうって意味だね。経済学だと、もっと厳密な用語として定義されたりするけど、ここではもう少し緩やかにとらえよう」

「『コミュニケーション場』っていうのは、会議とかで話し合いをする場ってことでいいんですか？」

マドカが聞くので、僕は「そうだね」とうなずいた。

「みんな、会議にしろ、何にせよ、コミュニケーションの場を考えるのに、そこに参加する人々が構成するシステムの環境や制約の影響に対して鈍感過《ナイーブ》ぎるんだよ」

「システム？」

マドカも夏子も、頭の上に疑問符を浮かべている。僕は一つため息をついて、ノートパソコンの液晶画面を畳んだ。そして、二人に問いを投げかける。

「まず、第一に、一年生と他の二年生の立場になって考えてみて。十五人もいるんだよね。しかも、一年生にとっては先輩だらけ。二年生にとっても、お目付け役みたいな三年生が一人いる。まず、発言しようとする前に乗り越えないといけないプレッシャーはものすごいよ」

それぞれの参加者の立場になって考える。それが、多様な人々が参加することで作動するシステムを考える上でのスタート地点だ。

「……でも、私もマドカも、二年生ですが、発言していますよ？」

夏子の言葉に、マドカは「そうだ、そうだ！」と拳を上げる。

「夏子ちゃんはパートリーダーだから話し合いの進行役でしょ？　だから、自分に言いたいことがあろうがなかろうが会議中の発言権は、君の手元に自動的に戻ってくる。発言がゼロになることはまずありえない。マドカちゃんは……単純に例外だ。質問魔の『お喋り』だからな。三年生にも遠慮なく質問するんだろう」

僕たちがコミュニケーション場に立つ時、その場は意図しようが意図しまいが、なんらかの誘因《インセンティブ》の構造やルールに支配される。コミュニケーション場を支配する制度を、僕たちはコミュニケーション場のメカニズムと呼んでいる。ビブリオバトルの公式ルールもその一例だ。まったく制度を設定しない場合、そこは野生のコミュニケーション場となり、力あるものが多く発言をし、力なきものは発言が抑制されるような場になってしまう。これはもはや自然の摂理である。この社会が法律なしでは、無法地帯になって略奪行為が横行しかねないのと似たようなものだ。

通常、上下関係のあるようなメンバーがコミュニケーション場に参加する場合、特に上下関係に厳しい日本社会だと、下の者の発言は自然と抑制される。上の者の意見を聞くのが美徳とされるし、また、要らないことを言うと、自分の評価が下がったりする場合があるので、何かを思いついたとしても、それに十分な自信がなければ喋ることは抑制される。それが、本当は有益な情報であったとしてもだ。また、組織の中に入ったばかりのメンバーは「こういう場所で何を喋ってよいのかわからない」「どういう内容が『当たり前』で、どういう内容が『当たり前じゃない』のかがわからない」ために、質問や発言がやはり自然と抑制されてしまうのだ。

コミュニケーション場はとても複雑だし動的《ダイナミック》なものだ。一参加者の立場になってみればわかる。考えたことをそのまま垂れ流すように発言する人間はほとんどいない。一人一人の発言者が、「自分の意見はこの話題に対して妥当な意見なのか」「こんなことを言ったら、○○さんを傷つけないか」など、さまざまなことを考えながら、発言を生んでいくのだ。逆に古参のメンバーはそういう束縛から自由な場合が多く、結構適当なことを口にしていくこともある。

発言する時にはフォーマルな場所でも、カジュアルな場所でも発言権や発話権と呼ばれるものを得なければならない。たとえば、フォーマルな場所では挙手をして発言権を得る。カジュアルな場所では「うん、わかるわかる。でな、それで、僕の場合なんだけど――」などと、あいづちを入れたりしながら、適宜割って入ったりする。いずれにせよ、タイミングを見計らって発話権を奪取しにいくための、一握りの勇気や、一定のコミュニケーションスキルが必要になるのだ。そして、多くの人々が、これを十分には持っておらず、会議は静寂に包まれたり、年長者の独演会と化したりする。僕は、そんなことを二人に説明してから言葉を継いだ。

「――だから、君たちの委員会で起きている現象はとても自然なことだし、ぶっちゃけて言えば、あるあるなんだよ」

そう僕が言うと、夏子もマドカも、安心したような、それでいてまったく問題解決していないので、困ったような複雑な顔をした。

「じゃあ、やっぱり、あきらめるしかないんでしょうか？　私たちと三年生だけの意見で進めていくしかないってことでしょうか？」

夏子が困ったように言うので、僕は大きく首を振った。

「違うよ。違う。だからこそ、真剣に『コミュニケーション場のメカニズムデザイン』に取り組むことが必要なんだ」

「コミュニケーション場のメカニズムデザイン？」

マドカが首を傾げて、僕がうなずく。「コミュニケーション場のメカニズムデザイン」とは、まだ新しい概念ではあるものの以下のように定義できる。

《参加者がみずからの効用を最大化するように行動する結果、実りあるコミュニケーションがなされることによって目的がみたされるメカニズムを構築するという問題をたて、これに対する設計解を提案すること。》

つまり、参加者の権利や守るべきルールをコミュニケーション場において明確にすることで、みんながその場に参画しやすいようにして、そのコミュニケーション場をよりよいものにしようということだ。

「たとえば、君たちの事例だとよくある『発言量の不均衡』が生じている。これには明確な理由がある。ニュートン力学でリンゴが木から落ちるかのごとくに、君たちの総務パートの会議では下級生の発言量が減っているんだよ」

「ニュートンのリンゴって、……そこまで言いますか？」

「そこまで言うよ」

組織における会議や話し合いにおいて、その開催主体が、そのコミュニケーション場が持つ隠れた誘因《インセンティブ》の構造や制度《メカニズム》を意識することは少ない。その影響に対して驚くほど無関心だ。そして、そのコミュニケーション場が自分の思うような活性を生まなければ、参加者の行動を批判したりする。

「じゃあ、どんな解決方法があるんでしょう?」

夏子は本当に困っているようで、上目遣いに僕の顔をのぞき込んできた。

僕はちょっと楽しくなってきて、右肘をついて、顎をのせる。

「『発話権取引』とか『オープンスペーステクノロジー』なんてどうだろう?」

「発話権取引? オープンスペーステクノロジー?」

初めて聞いた言葉だったのだろう。夏子とマドカは口々に復唱した。

発話権取引

頭の上に疑問符を浮かべている二人の目の前で、僕は、手元のメモ用紙に発話権取引の流れをボールペンで書き出す。そして、そのメモ用紙を切り取ると、二人の前に置いた。

発話権取引の流れ
手順1　全員に発話権（カード）を配る。
手順2　一枚ずつ発話権を使用し、発言を行う、もしくは他の人に渡す。
手順3　手順2を繰り返した後に、すべての発話権が使用されたら終了する。

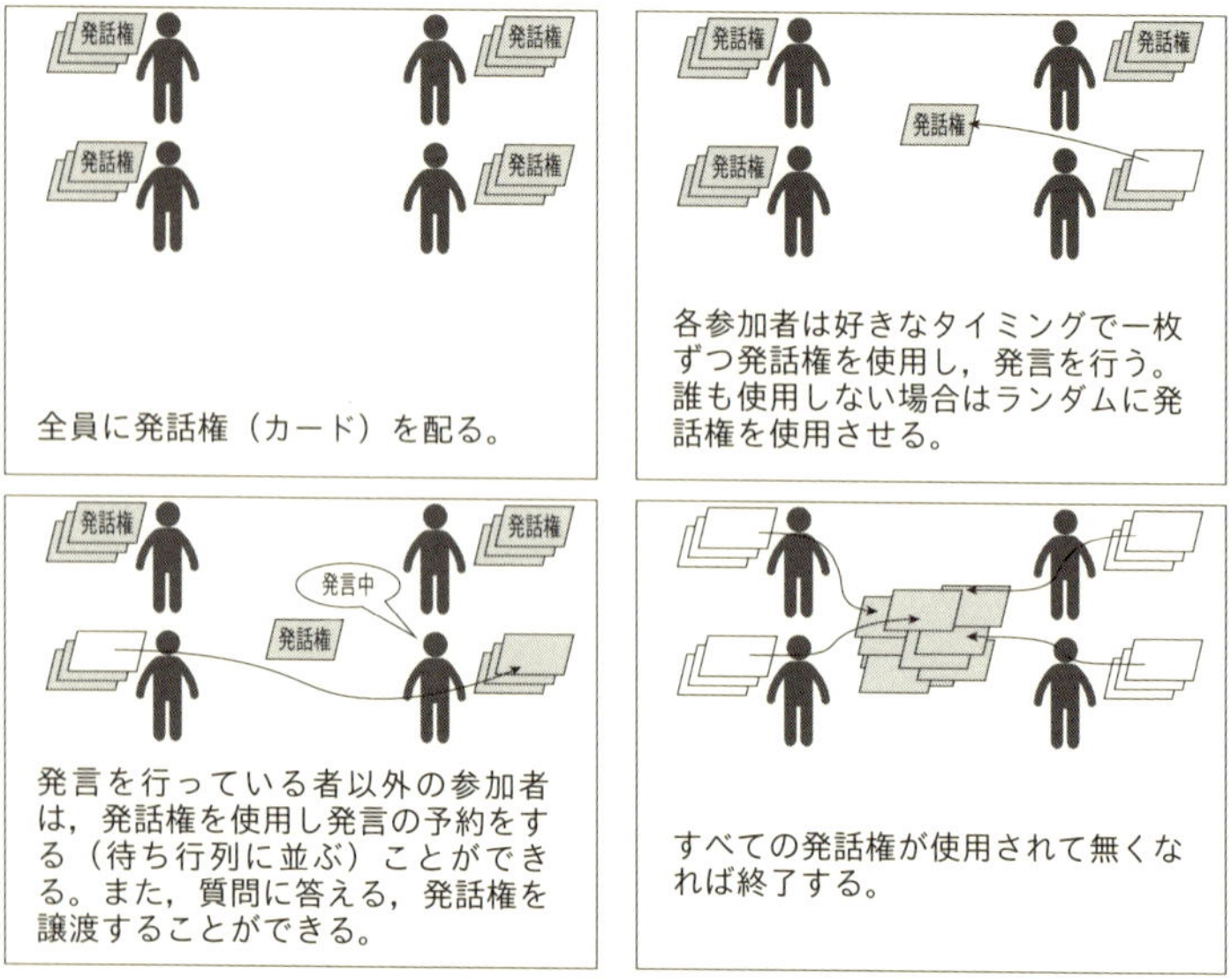
発話権
全員に発話権（カード）を配る。
発話権
各参加者は好きなタイミングで一枚ずつ発話権を使用し，発言を行う。誰も使用しない場合はランダムに発話権を使用させる。
発話権
発言中
発言を行っている者以外の参加者は，発話権を使用し発言の予約をする（待ち行列に並ぶ）ことができる。また，質問に答える，発話権を譲渡することができる。
すべての発話権が使用されて無くなれば終了する。

発話権取引の流れ

「――とまぁ、発話権取引というのはこんな感じ。話し合いの参加者に発話権を表すカードを配るんだ。そうやってそれぞれの発話権を明示的に決めて可視化する。話す時はその発話権カードを使うことで発話する時間を取得するんだ。一枚につき三十秒の発話を許すという設定だと、一枚使うごとに三十秒話せるんだ。まるでカードゲームみたいな感じかな？」

「へぇ……おもしろそう。えっと、もっと喋りたい人がいたら、どうするんですか？」

「発話権がなくなると喋れなくなるよ。それがポイント。たとえば、三年生がいっぱい話したくても発話権がなければ我慢せざるを得ないんだ」

「それって、不便？」

夏子は、まだ少し要領を得ないようで、首を傾げる。

「話し合いの場において、まず初めに認識しないといけないのは『時間は有限』だってこと。日本の会議は若者の会議でも、大人の会議でもダラダラとのびがちになるけれど、時間は本来有限。だから、誰かが多く話すってことは、誰かが短くしか話せないってことなんだよ」

「なるほど。でも、発言しない人が、本当に話すべき意見がないって場合もありますよね？　その場合はどうするんですか？」

夏子は具体的に文化祭企画委員会での話し合いを想像しているのだろうか。何かを思い浮かべるような視線で尋ねてきた。

「発話権取引だと、自分の発話権を誰かに譲渡することができるんだ。だから、要らない人は手持ちの発話権を誰かにあげてもいいし、捨ててもいい」

「なるほど。そうすると、もし、誰かが本当に三年生に話してほしいと思っていたら、その人にちゃんと発話権が渡るけど、実は誰も聞きたくなかったら、発話権が三年生の方には行かずに、三年生の発言が抑えられる。そして、その分、一年生や二年生の発言が増えるってことですね？」

夏子はようやく手を打った。

「そういうこと。たとえば、八人の参加者に一枚で三十秒話せる発話権カードを四枚ずつ配った場合は、その話し合いは絶対に十六分以内に終了する。時間が有限であることを、発話権カードできちんと可視化しているところもポイントだね。あと、話している間もカードゲームっぽくなって楽しいよ」

マドカと夏子が「いいね、いいね」「今度やってみる？」なんて言っている。

「そういえば、誰も発話権カードを使わない時はどうするんですか？　なんだか、沈黙の時間が流れそうな気がしますけど」

「あー、そういう時は、ルーレットを回したりして、次の人を強制的に決めるんだ。まぁ、実際にルーレットを回したり、時間を測ったりするのは面倒くさいんだけど。最近だと、モバイルアプリも出てきているから、それを使うのもいいかもしれないね」

「誰かに質問したい時とかはどうするんですか？　たとえば、ある内容に関して先輩に『去年の文化祭ではどうだったか？』ってことを聞きたかったりするんですが、その時に、先輩が発話権カードを持ってなかったら、聞けなくて困りそうなんですが？」

夏子の頭の中には、すでに総務パートの会議で発話権取引を使うシミュレーションが動き出しているようだ。

「それはいい質問だね。基本的には、夏子ちゃんの発話権を使って先輩に質問をして、その時間の範囲内で、先輩に発言をしてもらうことができるんだよ。……これは、発話権がその三十秒の時間利用に関する『所有権』の意味を表しているということと密接に関係しているんだ」

「所有権？」

マドカが首を傾げるので、僕はうなずいてみせる。所有権なんて法律的な言葉は、高校生にとっては身近な言葉ではないのかもしれない。

「たとえば、マドカちゃんが鉛筆を持っていたとしよう。この鉛筆を誰かが勝手に持っていって、使われたらどう思う?」

「う～ん。ちょっとイラッとしますね」

「じゃあ、勝手に取られて相手が『これは俺のものだ!』って言い出したら」

「あ、それは、もう完全にNGです」

「それに対して、マドカちゃんが、彼に何か書いてほしい時に『あ、この鉛筆つかって書いてくれたらいいよ』って使用を認めるのはどうだい?」

「それは、もちろんOKです」

「つまりはそういうことさ。所有権というのは、『その財を、自分自身で好きに使えること、使い方を決定できること』にポイントがあるんだ。発話権取引のポイントは、参加者それぞれが発言時間の所有権を先にカードを使ってきっちり認めて、話し合いをやってもらおうってこと。その結果として、みんながきちんと意見を出せるようになるんだ」

「なるほど」

二人は妙に納得したようにうなずいた。大事なのは、コミュニケーションの場では、どのような発話内容が表に出るかどうか以前に、まず発話権を獲得できないと、話し合いに参加すらできないということだ。このような発話権の果たす日常的コミュニケーションにおける役割が、あまり、きちんと認識されていない場合が多い。

発話権取引を導入して話し合いをすると、これまで出てこなかった新入社員や下級生の「ぶっちゃけた意見」なんかがグッと出やすくなる。それを聞いて上司や先輩は「あ、そこか。そんなところが共有できていなかったのか」と気づくことがある。会議においてはだいたい新参者は「ものを知らない」から、発言を控える。しかし、新参者とてチームにとっては重要なメンバーである。彼らが「何を知らないのか」ということを上司や先輩が知ることも大変重要なことなのである。また、長く組織にいる人間は、若手の意見とはずいぶんと乖離した意見やものの見方を持ってしまっている場合が多い。そういう意味で、発話権取引を導入することによって、組織は上手く新しい視点を手に入れることができるのだ。

あらためて普通の話し合いの場を見ると、そこではいかに発話権の分配が野放図にされているかがわかる。発話権がきちんと保護されていない話し合いの場では、発話権の奪い合いが生じる。ここで、立場の強い人や、ものを知っている人が、過度に発話権の取得を行ってしまうのだ。それは、まるで、武力のある集団が多くの領土を確保してしまったり、野盗によって自分の土地や農作物が奪われてしまったりする無法地帯のようなものだ。僕たちの日常のコミュニケーションは、そんな無法地帯で戦っているようなものなのである。

特に僕たちが音声言語を使って会話をしている限りは「みんなが話を聞ける発話者は一度に一

人」という制約が自然と生まれる。これは空気の振動を介して通じる音声が、全方向に広がってしまうことに由来する。一人の発話者と複数の聴者。これが音声コミュニケーションを用いるコミュニケーション場の自然な制約なのだ。それゆえに、限られた話し合いの時間は誰の話す番《ターン》かということで時間分割されていく。誰が次に話すかということは、神様によって平等に決定されるのではない。その場のさまざまな現実的要因によって決まっていくのだ。

誰かが話し出した後のコミュニケーションは、シャノン・ウィーバー型のコミュニケーションモデルによって表現できる面もあるのかもしれない。しかし、話し合いが進むプロセスでは、話し出す前に生じている目に見えない発話権分配が、想像以上の影響をコミュニケーション場に与えるのだ。

ちなみに、発話権取引を導入することで、発話交代に関与する司会のような存在が不要になる。その結果、発言の多くが「みずからの意見の提示」「その論理的な根拠」などといった、建設的なものに変わるということが実証的に示されている[3]。

「たしかに。言われてみれば、発話権ってすごく大きな要素なのかも。だから、私たちの総務パートの話し合いでも、みんな発言できてなかったのかもしれないね。教授が言いたいのは、発言しにくい環境を作っておきながら『みんなが発言しないんです』って悩んでるのが変だってことですね？」

夏子は親指を下唇の下に添えて何か気づいたように、一人で数回うなずいた。「そういうことだね」と僕はコーヒーカップに手を伸ばす。

「それで、もう一つの『オープンスペーステクノロジー』っていうのはどんなものなんですか？なんだか、すごくSFっぽい名前ですけど」

ようやく「発話権取引」の説明を終えた僕に、マドカはホットのミルクティーのカップを両手で持ち上げながら尋ねた。栗毛のボブを垂らした頭を小さく傾けながら。

オープンスペーステクノロジー

オープンスペーステクノロジー(4)はハリソン・オーウェンによって開発された、コミュニケーション場のメカニズムだ。

「はっはっは。たしかに、名前すごいよね。でも、全然そんな未来科学技術的なものじゃないからね」

「え？　そうなんですか？　なんだか、スターウォーズとかスタートレックとかの世界にある技術みたい」

――SF作品の例として出すものが今どきの女子高生にしては渋いな、マドカ。

オープンスペーステクノロジーは数十人から百人といった大規模な集まりで、全員が議論に参加することができるような会議運営手法である。全員参加の会議手法であるホールシステム・アプローチの一種と言われる。大雑把な流れとしては以下のとおりである。

1. 集まったメンバーの中から「今日議論したいこと」を提案してもらう。提案した人はそのテーマを議論するテーブルに行く。
2. すべての参加者は自分の議論したいテーマを議論するテーブルへと移動して議論を行う。
3. 各テーブルで議論している間は、参加者は自由に離席したり、他のテーブルに移動したりしても構わない。
4. 一定時間の議論が終わると、アクションプランを生み出し、それぞれのテーブルで議論されたことを共有する。

オープンスペーステクノロジーのポイントとしては、①議論する内容自体を参加者に提案してもらう、②参加者を複数のテーブルに分割し発言しやすい環境をつくる、③議論への参加を、徹底して各参加者の意思に委ねる、というものがあると僕は考えている。

これによって、みんながいっせいに集まってフリートークで会議をする時に起きる沈黙はほぼなくなり、みんながワイワイガヤガヤと話し出す。とても積極的で、生産的な雰囲気のコミュニケーション場が生まれるのだ。

「オープンスペーステクノロジーはどんな時に使ったらいいんですか?」

「う~ん。まぁ、とりあえず、『今年の文化祭で変えるべき点は何か?』みたいなザックリとしたテーマで、オープンスペーステクノロジーをやるのはアリかな? そういうテーマって、微妙にみんなの問題意識が違うんだよね。たとえば、合唱コンクールのここを変えるべきだとか、スケジュールをこうすべきだとか、後片づけをこうすべきだとか、みんなが注目している点がいろいろ違うんだ。そういう内容を、一つひとつ全員で議論するのは、決して効率的じゃないし、生産性も低い。貢献意欲のある人や知識を持っている人が、それぞれの意思で集まってもらって、主体的に取り組んでもらうのがいいんだ」

二人は「お〜、それは一回やってみてもいいかもね」と顔を見合わせた。

発話権取引とオープンスペーステクノロジーの説明も一息ついて、僕は西の窓の外を眺める。賀茂川の上に見える梅雨空からの雨足は弱くなり、紅い太陽が雲間から西に見えていた。

二人はなんだか、僕の説明を聞いた後に、実際にそれを文化祭企画委員会でやってみるプランについて、あれやこれやと話しだしていた。話している間に、服もずいぶんと乾いてきたようで、今や服が濡れているのを気にする様子はまるでない。

コミュニケーション場のメカニズムは、いつも僕たちを明に暗に支配する。明示的なメカニズムが設定されていない状態では、暗黙のうちに定められたコミュニケーション場のメカニズムの中にいるからこそ、僕たちは何が自分たちを支配しているのかに気づかない。

一方で、コミュニケーション場のメカニズムを設計《デザイン》しようとする時には、僕たちは鳥の目、もしくは神の目に立ってしまって、参加者一人ひとりの心の機微を忘れてしまいがちだ。ビブリオバトルで生徒たちに原稿を書かせて、事前にチェックし、みんなの前で朗読するように発表させようとする先生の視点がこれかもしれない。外見的にはあまり変わらないように見えるビブリオバトルの形式も、一人ひとりの心の機微や動態からすれば、まったく異なるものになりかねない。

コミュニケーション場のメカニズムの下で動くシステムの作動を考える時、僕たちはいつも虫の目で、それを考えなければならない。つまり、参加者の視点だ。ビブリオバトルにおいてはバトラーや聞くだけの参加をする参加者の視点だ。発話権取引やオープンスペーステクノロジーでは、会議に参加する一人ひとりの視点だ。

「今日も、教授にいろいろ教えてもらって、収穫はあったのかしら？」

顔を上げると、女主人《ミストレス》の綾乃が紫のエプロンをまとって、両手に可愛らしいバスケットを持って立っていた。それを一つずつ、僕とマドカたちのテーブルに置く。フライドポテトだ。今更感はあるが、ご褒美、もとい、授業料というわけだ。

僕はテーブルに置かれたバスケットから、無言でポテトを三本ほどつまむと一気に口に放り込んだ。

――熱っ！

揚げたてフライドポテトは塩味控えめだけど舌に熱かった。

「せっかちねぇ。昔からだけど」

そう言って綾乃は呆れ顔を浮かべた。

「――それで、マドカちゃん、今日は教授から何を習ったの？」

隣を見ると、マドカと夏子も同じように、フライドポテトを口に放り込んでハフハフと、熱そうに口を開閉していた。何かの小動物みたいだ。なんとか、飲み込むと、マドカは冷たい水を一口飲んでから、口を開いた。

「『コミュニケーション場のメカニズム』についてです！　うまい会議のやりかた？」

マドカは綾乃に敬礼するように右手を挙げてみせた。それを見て、綾乃は「あら？」と、楽しそうな笑みを浮かべる。

「『コミュニケーション場のメカニズム』って懐かしいわね」

「え？　綾乃さん、知っておられるんですか？」

「えぇ、少しね〜」

驚く夏子の問いかけに、綾乃は誇らしげにうなずいて見せた。

綾乃は喫茶店の女主人《ミストレス》になる前は、公共政策にかかわる民間企業で働いていた。その時に、まちづくりのプロジェクトで僕と一緒にかかわったことがあるのだ。彼女は「コミュニケーション場のメカニズムデザイン」を活用した住民参加のプロジェクトを仕切っていた。

「そういえば、マドカちゃん。あなたがよく知っているゲームも、コミュニケーション場のメカニズムなのよ」

「よく知っているゲーム？」

なんだろうと、マドカは首をひねる。

「この前、来た時に、教授にいろいろ聞いていたアレよ、アレ」

そこまで言われて、マドカは「ああっ」と手を打った。

「『ビブリオバトル』ッ！」

――ビンゴである。そういえば、二人にはまだ、ビブリオバトルがコミュニケーション場のメカニズムの一種だということは話していなかった。

ビブリオバトルの公式ルールこそが、コミュニケーション場のメカニズムの典型である。ビブリオバトルでは、公式ルールを設定することによって、その場への参加者である発表者に「みんなが読みたくなる本を持って来る」という行動を誘発させる。また、発話時間についても、発表者に五分の発表時間を独占させ、その後二～三分の質疑、と決めることで、発話時間を保証している。その結果として、「人を通して本を知る、本を通して人を知る」コミュニケーション場を実現しているのである。

「なるほど、なるほど」

以前、長々とビブリオバトルについて聞いていたマドカは、なんとなく腑に落ちたようで一人でしきりにうなずいていた。夏子は、いまいちピンと来ないようで「え？　どういうこと？　どういうこと？」と尋ねる。

マドカは「ふふん」と鼻を鳴らすと、調子に乗って、先輩面でビブリオバトルのどのあたりがコミュニケーション場のメカニズムなのか、夏子に説明し始めた。

フライドポテトをつまみながら、マドカの話を僕も聞く。ところどころ、怪しい説明もあったけど、おおむね大丈夫そうだった。説明の大枠は、「人を通して本を知る、本を通して人を知る」ことについて僕が話したことそのままだ。ちゃんと僕の話を理解できていたようなので、嬉しい。時計を見ると、長針も短針もほぼ真下にあり、六時半過ぎを示していた。そもそも、彼女らの来た時間が今日はすでに遅かった。

——文化祭企画委員会とやらの話し合いが長引いたと言っていたっけ。まぁ、そこからスタートだったから遅くもなるよね。

「じゃあ、そろそろ本日の授業も締めた方がよさそうだなぁ」

気づけば日はほぼ落ちて、空は昏《くら》くなり、雨は止んでいた。僕も正直、執筆に戻らないといけないのだ。

「どうだい？　ちょっとは文化祭企画委員会の仕事に役立ちそうかい？」

僕がそう言うと、マドカは、こっちを向いて何かおもしろいことを思いついたように瞳を輝かせた。

「うん！　でも、会議を効率化するってだけじゃなくて、たとえば、文化祭の企画で、生徒たちの参加型でオープンスペーステクノロジーをやってみるとか、イベントにも使えそうとか思いました！」

——おぉ、それはチャレンジングだ。おもしろいけど、文化祭のお祭り気分の中でやると大変そうだ。

「あ、それいいね〜。私は文化祭でビブリオバトルっていうのも、いいかもって思っていたんだけど？」

――まぁ、それもありだね。夏子ちゃん、その提案はなかなか現実的だよ。

二人はコミュニケーション場のメカニズムの話を多少は理解してくれて、興味を示してくれたようだ。

人間のコミュニケーションは、ただ、情報伝達という瞬間だけを切り取れば、言葉を発して、それを聞き、理解するというシャノン・ウィーバー型のコミュニケーションモデルで描けるものかもしれない。しかし、僕たちが日常的に行う会議や話し合いの場をより豊かにしようとすれば、そんな単純な伝達側面だけに焦点を当てているだけでは不十分なのである。

コミュニケーションの場において、人は自律的に、みずからの自己決定に基づき行動する。その結果、せっかく知識を持っていてもそれを表出しないこともあるし、過度に表出することで他者の表出を阻害することもある。また、その場の目的に沿った発話や議論をしてくれないこともある。

そういう個々人の不適切と思われる行動の裏には、そういうことを生じさせてしまう明示的、もしくは暗黙のうちにある誘因《インセンティブ》の構造や規範の設計不備があることが多いのだ。個々人を自律的な主体と考えて、その自由闊達なコミュニケーション行動から、その場が成果を享受しようとするならば、その中の一人ひとりが生き生きと議論に参加し、全体として集合知を生み出すための、制度設計《メカニズムデザイン》が必要なのである。

隣の席ではマドカと夏子の二人が、次の文化祭企画委員会の総務パートでやることや、計画についてて、あれやこれやと話に盛り上がっていた。時々、同級生の男子と女子の恋愛話などに話題を飛ばしながら。

その様子を眺めてフフッと笑うと、綾乃は僕に意味深な目配せをしてカウンターへと戻っていった。カウンターでは一人で注文と調理を引き受けていたアルバイトの男子学生が悲鳴を上げていた。彼に「ごめんごめん」と笑いながら、綾乃はいつものようにキッチンへと入っていく。

隣の机を見ると、二人はああでもないこうでもないと、議論に花を咲かせていた。たった二人でも、話し合えば何かが生まれる。

少女二人の間で話題の花が咲き、そして、それは知恵の果実を結ぶのだ。

おすすめ本（第1～3章）

『通信の数学的理論』クロード・E. シャノン，ワレン・ウィーバー（植松友彦訳）ちくま学芸文庫

現代の情報通信の理論的基礎となったシャノンとウィーバーの論文の和訳。読んで理解しつつ，逆に彼らがコミュニケーションの何を取り扱って何を取り扱わなかったのかを知ろう。数学的な内容を多く含むが，その質も非常に優れており現代の人工知能の基礎にも通じる。

『幸せな未来は「ゲーム」が創る』ジェイン・マクゴニガル（妹尾堅一郎監修，藤本徹・藤井清美訳）早川書房

原題は「Reality is broken」。社会や生活におけるゲームの力の有効活用について論じた学術的な一般書。本書でも引用したゲームの定義をはじめ，示唆に富む内容が多い。この視点から誰かを動機づける仕組みの大切さについて学んでみよう。

『「きめ方」の論理』佐伯胖
ちくま学芸文庫

複数人で議論して物事を決める時に私たちはその意見や希望を集約しなければならない（たとえば多数決など）。複数人の意見を取り入れて決定することを社会的決定というが，その多様さ，学術的広がりについてふくよかに書かれた名著。日常のコミュニケーションにも新たな視点が得られるかも。

『ビブリオバトル』谷口忠大
文春新書

「人を通して本を知る，本を通して人を知る」のキャッチフレーズで広がる書評ゲームのビブリオバトルに関して初めて書かれた本。本書でも言及したビブリオバトルのゲームとしての理解や注意点，発案の経緯など幅広く書かれている。ビブリオバトルの教科書的位置づけ。

第4章 人工知能とコミュニケーションはできますか？

コミュニケーションするロボットは創れますか？

京都の夏は暑い。七月に入ってからは猛暑日が続き、屋外の炎天下には三十分も立っていられない。下鴨より北にある賀茂川沿いの喫茶店エトランゼ周辺とて例外ではない。

そういう訳で、僕は今日も結局、そんな外の暑さとは隔絶された、喫茶店エトランゼの店内に引きこもっている。七月に入っても変わらずに、進まぬ原稿を前にしながらノートパソコンに向かってキーボードの上に両掌を広げていた。

人間のコミュニケーションを支援するようなビブリオバトルや発話権取引、オープンスペーステクノロジー、そしてそれを通した知の創出なんていうのは、たしかに、シャノン・ウィーバー型のコミュニケーションモデルだけでは議論できないような、コミュニケーションの現実におけるふくよかさを表している。そういうコミュニケーションにおける環境要因を理解し、僕たちの社会におけるコミュニケーションを有益にしていくことは重要だ。

コミュニケーション場のメカニズムの設計は具体的に何か、機械を作ったり、電気回路を作ったりするわけではないが、どこか工学的だ。つまり、便利にするため、対象のシステムをよりよくするための議論であり、「見た目は人文科学」っぽい工学的研究なのだ。逆に言えば「コミュニケーションとは何か?」の深層に飛び込んでいくことが主目的の議論ではないように思う。

その一方で、僕のもう一つの思考は哲学的な深層へと飛び込む。僕たちが言語的コミュニケーションを行うことができるその根幹を支える仕組みとは何なのか? なぜ、他人の頭の中ものぞけないのに、僕たちは他者と意思疎通できるようになるのか? そんな哲学的問いは、逆に僕を、「見た目は工学」っぽい、科学的研究へと導くのである。

そんなことを考えながら、今日こそは執筆を前に進めるのだと、ノートパソコンのエディタを開く。その時、喫茶店エトランゼの扉が開き、いつもと同じ鈴の音が鳴った。

嫌な予感がして振り向く。そこにはノースリーブの白いTシャツに黒のガウチョパンツをはいた栗毛のボブの少女と、爽やかな白いブラウスに空色のスカートの少女が立っていた。その後ろに、空色のシャツと黒いハーフパンツ姿の少年。いつもと違う私服姿だったから一瞬気づかなかったが、それは小沢マドカと木村夏子、そして、その他男子一名だった。

——ん? 最後の一名、誰だ? 新キャラか?

案の定、マドカと夏子と目が合う。なんだか、その男の子に話しかけて、男の子が「あ〜」だなんて言ってうなずいている。少年は僕に向かって挨拶するようにペコリと頭を下げた。僕もクイッと首を前に出して応じる。

——まさか、また、質問か? 質問しに来たのか? なんか、人数、増えてきていないか?

僕はノートパソコンの上に伸ばした両手先を震わせた。今日、あと、一章分書かなきゃいけないんだけど。大丈夫かな？

「きょうも暑いですね～」

マドカが小振りのトートバッグを床のカバン置きに置いて、椅子を引いた。また、僕の隣の席に座るのかなと思ったが、違った。もはや堂々と、マドカは僕の目の前の椅子を引いて腰を下ろしている。僕の本日の執筆時間は、すでにこの少女に食べられてしまったも同然だろう。

僕の隣の席には、夏子と僕の知らない少年が向かい合って座った。僕の並びのソファ席に夏子、僕の斜向かいに少年。僕の隣に座った夏子だったが、その視線は目の前の少年の方を、チラチラとうかがっている。

「そうだね。暑いね。……ていうか、今日はみんな制服じゃないんだね？」

僕はさっそく観念して、上書き保存ボタンをクリックする。そして、いったんノートパソコンを閉じた。コーヒーを口に運びながら三人の姿をあらためて眺める。今日は平日なので、いつもなら制服姿の学校帰りということになるんだろうが、そうでもないようだ。そして、心なしか時間がいつもより早い。

「夏休みです。夏休み」

隣の夏子がクーラーの冷気を浴びて放熱するように、中空に息を漏らしながら言う。

——あぁ、そうか、もうそんな時期か。

気づけば七月も半ばだ。早い学校ならば、夏休みに入っていてもおかしくはない。

「でも、教授が今日もいてくれてよかった！　今日も、コミュニケーションに関して、質問したいことがあったから」

あっけらかんとした声でマドカが言う。

二か月程前に、綾乃から紹介されて以来、時々マドカの相手をするようになった。その後、いろいろ質問されては、僕の貴重な執筆時間はパクパクとこの少女に食べられてしまっているのだ。

――知的好奇心旺盛な少年少女の相手をするのは学者の本望であり、気持ちいい面もあるので悪いことばかりではないんだけれど。

「まぁ、いいけど。で、今日の質問って何なんだい？」

「あ、今日の質問者は私じゃないの。えっと、こちら、同じクラスで、文化祭企画委員の三田謙介くん。パートは総務パートじゃないんですけどね、で、彼が今回の依頼人」

そう言って、マドカは右掌を上にして、すっと隣の少年を指し示した。少年は「初めまして、三田です」ときまり悪そうに首を前に出した。

「ちょっと待ってよ、マドカちゃん。依頼人って何？　なんだか、某ナイトスクープみたいになってるんだけど。僕、探偵でもなんでもないからね？」

僕のため息混じりのぼやきに、キョトンとした顔でマドカが首を傾げる。

「え？　ナイトスクープってなんですか？　やだなぁ、いつもみたいに質問しに来ただけですよぉ～」

――あ、そこは通じないのか。

「まぁ、いいけどね」

これで、僕の執筆予定時間の一時間分は食べられちゃったも同然なわけだ。一時間で済めばいいが。さようなら、僕の昼下がりの静寂。こんにちは、姦《かしま》しい質問魔とその仲間たちよ。

僕は、綾乃がいつもいるカウンターに目を遣る。今日、綾乃はいない。代わりにいつもの男子学生のアルバイトがカウンターに立っていた。以前から思っていたが、聡明そうでしっかりして落ち着いた雰囲気の男性だ。名前は桐生院幸人《きりゅういんゆきと》。大学院生だと言っていた。今日、綾乃は店をアルバイトの彼に任せて、出かけている。昼下がりのこのくらいの時間帯なら、彼さえいればお店は回せるということなのだろう。なんだか彼がこっちを見てニッコリと微笑んだのでビックリしたが、前を見るとマドカも彼の方を向いていたので、マドカに微笑んだようだ。マドカはそれを受けて、僕には見せない照れたようなほころんだ笑顔を浮かべていた。

「相談というのは、夏のレポート課題のことなんです」

マドカに背中を叩かれて、三田謙介がおずおずと切り出した。今日の質問は、夏休みの宿題に関して。彼らも高校二年生。その夏休みの宿題は、大学進学、および、大学進学後の人生を考えさせるキャリア教育に関するものなのだという。自分の将来なりたい職業を考えて、それにかかわる事柄を調査し、まとめて提出するらしい。グループを組んでもいいそうで、謙介を中心にして、マドカと夏子の三人でレポートを書こうと考えているらしい。

謙介はロボットや人工知能の技術者になりたいと考えているようで、それで、マドカが僕のところに謙介を連れてきたということらしい。

「マドカちゃんと夏子ちゃんも、ロボットや人工知能に関係する仕事に就きたいの？」

「え？　あ、いや。私は特に具体的にないから、しっかり決まってる謙介に乗っかろうかな～、なんて。ねっ、夏子」

マドカがそう言うと夏子も「う、うん」と、少し恥ずかしそうにうなずいた。

「で、具体的にはどんな質問？」

僕がそう聞くと、三田謙介と呼ばれた少年は、「あの、えっと」などと口ごもってから、真剣な目で僕にこう言った。

「コミュニケーションするロボットは創れますか？」

おっと、と僕はのけぞる。眼前から突然、大きなミサイルが打ち込まれた感じだ。

僕にとって、それは何十回と突きつけられてきた問いだった。何度も問われて、何度もその時点でのみずからの見解を答えてきた問いだが、それでも、向き合うたびに、僕はその問いの持つ難しさに苦悩する。ある意味で、人生を賭して考え続けないといけない技術的であり、かつ哲学的な問いなのだ。

さて、僕はこの問いに答える時には、必ず決まったフレーズを返すことにしている。だから今日も同じフレーズをまずは返したい。いつもそれが思考の始まりになるのだ。

「それは、コミュニケーションの定義によるよね」

僕の返事に三人は首を傾げる。

「そもそも、コミュニケーションできるロボットって何だろう？」

僕のそもそも論の問いかけに、三人は顔を見合わせた。また、そもそも論。でも、やっぱり、そもそも論は大事なのだ。

「えっと、僕たちが話しかけたら、何か返事をしてくれる……みたいな？」

三田謙介がとりあえずの返答を戻してくる。

——そう、コミュニケーションするロボットって、話しかけたら答えてくれる、みたいなイメージだよね。

「もし、君が言っているのが、音声で話しかけたら、音声で返してくれるシステムなんだったら、それはもうたくさんあるよね。たとえば、Google Homeとか、アマゾンのAlexa《アレクサ》とか、アイフォーンのSiri《シリ》とかね。それに、駅前の家電量販店に置いてあるペッパーくんでもいいと思うよ」

そう言うと、謙介は「あぁ、たしかに」と腕を組んだ。「コミュニケーションの定義」次第では「コミュニケーションするロボット」なんて、すでにいくらでも存在するのだ。あなたにとってのコミュニケーションするロボットとは、音声認識をして音声合成で返事ができるロボットのことだろうか。

もちろん、音声認識と音声合成は重要な技術だ。人工知能やロボットと言わずとも、コンピュータと僕たちが音声メディアを使ってやりとりをするためには、音声認識や音声合成の技術が必要だ。情報処理技術の発展とともに、二十世紀の後半から盛り上がってきたこれらの分野は、二〇一〇年代のディープラーニングを用いた機械学習の発展を通して、一つの成熟期を迎えたと言っていいだろう。しかし、あらためて考えてみると、音声認識と音声合成は、僕たちが「コミュニケーションするロボット」を思い描く時に抱くワクワク感のうちのどのくらいの部分を占めていたのだろうか。

大学の研究者ではなく、一般の人々がコミュニケーションするロボットとしてイメージするのは、ドラえもんであったり、鉄腕アトムであったり、タチコマであったり、アスラーダであったりするだろう。そこには人格的な何かが存在していて、それが、僕たちの問いかけに受け答えしてくれる。多くの人々は、こういうロボットをもって「コミュニケーションするロボット」の概念を形作っている。

僕たちが音声で何かを話しかけたら、何か返事をしてくれるロボットをもって「コミュニケーションするロボットが創れました」といっても、多くの人が、もはや満足顔になってくれないのではないか。どうも、みんなその先を求めているらしい。贅沢な限りだ。音声コミュニケーションが重要だと言いながら、本当にワクワク感を持って見ているのは、その先だったりするのだ。

「何も、音声じゃなくてもいいんじゃないかな？　私はテキストチャットでコミュニケーションしてくれるロボットでも、全然いいと思うよ？　そのくらいなら簡単なんじゃない？」

そう無邪気に口にしたのは、マドカだった。

——だから、それが、贅沢だって言うんだよぉっ！　簡単なわけないじゃん！

落ち着け。落ち着こう。そして、僕は大人として、丁寧で冷静な議論へとこの場を導かねばならない。

ELIZAとSHRDLU

「たしかに、音声じゃなくてもいいような気がするわね？　たとえば、ウェブのチャットみたいなものでも、その人工知能と自然な会話を続けることができたら、コミュニケーションするロボットって言えるんじゃないかな？」

謙介の前で夏子が、マドカの能天気な感想を引き継ぐように提案する。

——夏子よ、お前もか。

たしかにそれは、もっともらしい意見なのだ。そういう会話をするウェブ上のロボットをチャットボットと呼ぶが、かなり多くの学生や大人が、そこそこのチャットボットを創ることは、意外と簡単にできるという誤った理解を持っている。でも、「そこそこのチャットボットを創ること」でさえ、本当は難しいことなのだ。

「夏子ちゃんは、ウェブ上のチャットボットを相手に自然な会話を続けることができたことってあるかい？」

「……う〜ん。ないかも」

「そうなんだ。それが意味するのは、ただ一つだよ。結局、僕たちが何気なくやっている『自然な会話』をロボットや人工知能に続けさせるのは、今でもかなり難しいんだ」

「でも、前に、どこかの企業が出していたＬＩＮＥの女子高生ボットがかなり賢いって、話題になってましたよ〜」

僕の否定的な発言に、マドカが食い下がる。

それに謙介も「あ、俺も遊んだ、遊んだよっ」と、ちょっと頬を上気させながらマドカの横顔に顔を向けて話に乗っかった。そして何かを思い出したような表情を浮かべると、謙介はポケットの中から、黒いむき出しのスマートフォンを取り出し、スワイプでロックを解除する。そしてタップ。ＬＩＮＥのアプリを立ち上げた。

「……たしか、登録していたはずだから。……あった、これこれ」

そう言って謙介は開いたアプリを三人の前に示して見せた。おなじみのＬＩＮＥのアプリ画面に、女子高生っぽいユーザー名が表示されている。今、話題になっていた、人工知能チャットボットのアカウントだ。

——おお、この謙介くんは、こういう質問を持ってくるだけあって、ちゃんと日頃から情報技術関係の話題やニュースにアンテナを張っているんだね。偉い偉い。

「おー、イイじゃん、イイじゃん！　せっかくだし、ちょっとやってみようよ」

と、ニヤニヤしながらマドカがけしかける。体を乗り出したマドカに、「えっ」と謙介は少し体をのけぞらした。

夏子も「私やりたい、やりたい〜」とLINEの画面をのぞき込みながら言って、両手を差し出した。謙介は「え〜、マジで？　いいけどさ」と言って、夏子が差し伸べた両掌の上に、「はい、どうぞ」とスマートフォンを置いた。

少しドキドキした表情で夏子はスマートフォンを受け取り、テキストを入力する。そして、その女子高生チャットボットにメッセージを送信した。

『こんにちは』

そう夏子がLINE入力すると、すぐに既読マークがついて、返信が返ってきた。

『こんにちはーーー！！』

「おっ、ちゃんと返ってくるじゃん。しかも自然っぽい」

そう言って、マドカが楽しそうにのぞき込む。「続けて続けて」とマドカが夏子の腕を指先でつつくと、夏子は「う、うん」と言って、またメッセージを打ちこんだ。

『今日は暑いよね』

『暑いねー w』

なかなかまともな返信が返ってきているではないか。今のところは順調。

「お〜、ちゃんと、『暑い』って言ったのに、『暑い』って返してるよ。わかってんじゃん、やっぱり人工知能賢いじゃん？」

『あのね』

『なーに？』

『今日は休みなんだ』

『あーそーぼー♡』

なんだか、やりとりが成立している。夏子もマドカも盛り上がってきた。

「お、ちょっと期待できるんじゃない？」

「なんだか、言い回しとかも、思っていたより自然かも？」

マドカが乗っかると、謙介も一緒に盛り上がる。二人で夏子の持つスマートフォンをのぞき込むと、自然と肩と肩がくっついて、マドカと謙介の顔も近くに寄る。そんな仲良さそうに盛り上がる二人の様子に夏子は曖昧な笑みを浮かべた。

——でも、それは永遠には続かない。僕は会話の破綻を保証できる。現状の技術的限界がそこにはあるのだ。

そして、夏子は続きを入力する。

『でも遊べないよ』

夏子が入力した思わぬ否定の返事に、「え?」とマドカと謙介は夏子の表情をうかがった。夏子はスマートフォンから顔を上げて二人を見る。

「だって、今日は、夏のレポートの準備をしないといけないもんね?」

「お前は真面目かよ」

と、二人は頭に手を当てた。さすが文化祭企画委員会総務パートのパートリーダーである。すると、女子高生チャットボットからの返事はすぐにきた。

『あそぼ!!!』

一同沈黙。

「こいつ、人の話、聞いてなくね? 夏子は『遊べないよ』って言っているのに、言葉の意味わかってないのかな?」

マドカの言葉遣いが悪化している。人の話を聞かない相手には厳しいのかもしれない。質問魔ゆえの性格かもしれない。

「……ていうか、マドカ、これ、人工知能だからね。そんなに怒っても仕方ないよ」

「あ、そっか」

夏子のツッコミに我に返って、マドカは頭を掻く。

僕は黙って見ていたが、いったん、そっと口を挟むことにした。

「それは言葉の『意味』なんてわかってないよ。ただ、相手の言っていることの言葉尻を捕まえて、それっぽく見える反応を返しているだけ。ハマると、すごくそれっぽく見えるから、初めての人がチャットをしてみると、意味を理解して返してくれているような錯覚に陥るのさ」

夏子とマドカが僕の顔を見て「そうなんだ」と顔を見合わす。でも、前半の受け答えはある意味で完璧だった。僕の否定的な解説にも、三人はそこまで納得はしていない様子だ。

少し考えて、マドカは夏子からスマートフォンを取り上げると、謙介に手渡した。夏子が「あっ」と声を漏らす。

「じゃあ、今度は謙介やってみてよ！」

「え？　おれ？」

スマートフォンを受け取る謙介に、マドカはコクリとうなずく。「わかったよ」と照れながら自分のスマートフォンを手にする謙介の画面を二人がのぞき込む。二人の少女に挟まれながら、謙介は恥ずかしそうにＬＩＮＥのテキスト入力欄にメッセージを打ち込んでいった。

『こんにちは』

『こんにちはーー！！！』

「さっきも、こういう返しは上手かったよね。自然っぽい」

「続けて続けて」とマドカが謙介をつつくと、謙介は、「お、おう」と言って、またメッセージを打ちこんだ。

『僕の名前は三田謙介です。』

「……お前も、真面目か？」

マドカは呆れたようにツッコむ。夏子が「まぁまぁ」とマドカを抑える。

「いや、まぁ、まずは、普通に文の意味を理解して反応ができるかだよね？」

ちょっと、微妙な表情を浮かべながら謙介は弁解した。

――おぉ、彼は僕の言葉を無視していなかったようだ。偉いぞ少年。

するとまた、すぐに、その女子高生チャットボットは返事をしてきた。

『禿《は》げ』

さすがにこれには、僕も含めて全員の目が点になった。これは酷い。思わずマドカも夏子も謙介の髪の毛を確認する。「いや、禿げてないから……」と、謙介。

『禿げはないでしょう？』

真面目に人工知能に返す謙介。待つこと数秒。返事が届く。

『ふさふさ』

一同沈黙。

「こいつ、めっちゃテキトーじゃない？」

マドカがジト目で、謙介を見る。いや、謙介は悪くないんだが。持ってきた人間の責任というやつだろうか。そして、やっぱり、謙介は禿げてない。ふさふさって感じでもないが。

「教授。これってどうなんですか？　今の人工知能ってこんな感じなんですか？」

謙介が、スマートフォンの画面から顔を上げて問いかける。

「う〜ん。まぁ、最近は対話システムの研究もずいぶんと変わってきているから、もうちょっといい感じになっているかもしれないけれど、『こんな感じ』って思ってもらってもいいんじゃないかなぁ。その人工知能のプログラムはディープラーニングや機械学習の技術を使っているって言われているけど、詳細は公開されてない。でも、基本的には文の文字列の表層的な表現から、上手い表現を返す形のプログラムとして作られていると思うよ」

特に、ディープラーニングにおいて機械翻訳などでよく用いられるようになったSequence《シーケンス》 to《・トゥ》 Sequence《・シーケンス》という手法、およびその発展型がある。それは、可変長の単語列を単純にニューラルネットワークに入力し、それをいったん、ニューラルネットワーク内部の分散表現、つまり、活性度パターンを表す高次元特徴ベクトルに変換する。そのベクトルを別のニューラルネットワークに与えて、出力となる新しい単語列の生成を行うというものだ。このネットワークは簡単に言うと、入力の単語列から出力の単語列への関数、もしくは写像を作る。正解となる入力出力のペアを大量に準備して、その入出力パターンを予測できるように、ニューラルネットワークを最適化することで、入力から出力の正しい変換を学習させるのだ。それまでの機械翻訳のシステムから考えれば、非常に単純なシステムなのだが、こんな単純なシステムで、ある程度の機械翻訳ができてしまうことが示されて、大いに話題になった。ちなみに、現在のグーグル翻訳などはこの延長線上にあるシステムを用いている。

この考え方がチャットボット、つまり、今ＬＩＮＥで遊んでみたような、会話システムに応用されることになった。話し相手の入力した文を、単純に入力単語列としてとらえて、その意味の解析などは何もせずに、それに対応する出力文を予測するのだ。そのパターンは大量の訓練用のデータから学習される。

「文字列の表層的な表現？」

「そう、文の単語の意味を深く理解せずに、単語の並びをとらえて、それに対応する文を返すってことかな。しかも、その学習にインターネットのＳＮＳなんかに、みんなが書いた自然な文を使っていたりするから、すごくそれっぽい表現が出てくるんだ」

「たしかに、『暑いねーｗ』の時に草が生えてるのとか、すごく自然だった」

「そうだね。そういう意味では、こういう対話システムはＥＬＩＺＡ《イライザ》の血筋って考えてもいいかもしれないね」

「ＥＬＩＺＡ？」

「そう。人工知能の対話システムの研究って、だいたい、ＥＬＩＺＡかＳＨＲＤＬＵ《シュルドゥル》の子孫みたいに考えることができるんだよ」

人間と対話する人工知能の研究は約五十年前に開発された二つのシステムに遡る。ジョセフ・ワイゼンバウムのＥＬＩＺＡとテリー・ウィノグラードのＳＨＲＤＬＵだ。今、ＬＩＮＥで試してみたような、言葉の表層をとらえて返答をする対話システムはＥＬＩＺＡに近いだろう。

ワイゼンバウムが作ったELIZAは、文の表面的な情報から質問を生成して会話を進めるものだった。たとえば、「頭が痛い」と入力すれば「なぜ、頭が痛いとおっしゃるのですか?」などと返す。実際のところ、ELIZAはただ、決まったルールと、パターン処理で動いているだけなのだが、このシステムは驚くほど人間的な振る舞いを見せることもあり、注目を集めた。しかし、ELIZAは言葉の意味をいっさい理解していない。

対して、SHRDLUは限られた世界、限られた命令しか理解しないが、言語を理解し、タスクを実行するように作られたシステムだった。コンピュータの中の「積み木の世界」に存在するブロック、円錐、球などといったさまざまな物体を、人間の言語命令に基づいて動かしてみせたのだ。たとえば「円錐をブロックの上に移動しろ」などといった命令だ。しかし、その限られた世界についての知識は事前に徹底的にプログラムされていた。SHRDLUは、その「積み木の世界」の外側の内容に関する命令には、いっさい応答できないのだ。

「結局、いろんな対話システムがELIZA的な発想と、SHRDLU的な発想の間を行ったり来たりしながら、少しずつ変わっていっているんだよね。その二つの発想の両端にあるのは『自然なやりとり』と、『発話命令の理解』かな。僕たちの日常のコミュニケーションだと、僕たち、人間はその両方を上手くバランスさせながらコミュニケーションできているんだろうね」

「その二つをバランスさせることって難しいんですか?」

「うん。まぁ、細かく話し出すといろいろあるんだけど。実質的には難しいね。間違いなく」

言葉の意味を理解して、応答をしようとする時には、命令文の理解と、別途みずからが持っている記憶や知識との照合が重要になる。たとえば、コンビニの店員さんが「すみません、マルボロのタバコってありますか?」と客から言われた時に、その文に対応するそれっぽい受け答えだという理由だけで、在庫が無いのに「ありますよ〜」とか「私はタバコもってないよ〜」などと言っていてはいけない。自然なフレーズであっても、そんな返答では意味がない。

ちゃんと、マルボロがタバコのブランド名だと理解し、マルボロの在庫データのデータベースにアクセスするなり、背後にあるタバコ陳列棚のマルボロの在庫を確認するなりして「すみません。売り切れちゃってるんです」などと答えなければならないのだ。

これを実現するためには、文の意味解析をしないといけない。しかし、そのような解析を上手く行うためには、どうしても人手で整理したデータベースと、文における表現の対応関係がきちんとしていなければならず、そのデータベースとの対応関係を逸脱する自然な会話は許容できなくなる。上記の例だと、「――ありますか?」という文のみが入力として受け付けられ、内部に用意されたデータベースに対象物があるかどうかを判定するプログラムに対応付けられる。

しかし、実際には「マルボロある?」「マルボロ欲しいんですけど?」「マルボロ」「えっとね、マルボロなんだけど?　タバコ」などと、同じような意図を持った発話はお客さんによって、自然に、多様になされるのだ。人手でこれらすべてのパターンをプログラムするのは実質的に不可能だし、対応できない言葉はドンドン増えてくる。

質問や命令に応答するタイプのシステムでは、最新のスマートスピーカーでさえ、ちょっと変わったことを聞くと「その質問は私には理解できません」などと弾き返してくるのは、そういう理由による。しかし、日常的なコミュニケーションという視点では、これがとても不自然に思えたりもするのだ。僕たちが日常会話で、「その質問は私には理解できません」なんて受け答えをすることなんてまずないだろう。非常に違和感があるし、なんなら失礼だ。

これに対して、ELIZA的な考え方を継承するチャットボットのようなシステムではいくら間違っても構わないので、とりあえず返してくる。言葉の意味を理解していないので、先ほどのコミュニケーションのように、意味不明な応答が生じてくる。でも、こんなロボットには、コンビニの店番を任せるわけにはいかない。

現在、Sequence to Sequence《シーケンス・トゥ・シーケンス》のようなモデルを拡張し、旧来のデータベースと融合させて、自然でかつ、記憶や知識、そして文脈に従った質問応答や対話ができるシステムの研究は精力的に行われている。

よく素人や、人工知能の研究開発に手をつけだしたばかりの技術者や、企業の重役などが「単純な応答をして『ユーザーを楽しませるだけ』くらいのコミュニケーションロボットなら今の人工知能技術で簡単につくれる」と誤解していることもあるが、ここを舐《な》めてはいけない。中途半端に作ったコミュニケーションロボットは『ユーザーを楽しませる』どころか十中八九『ユーザーを苛立《いらだ》たせる』ことになるのだ。

それはきっと十か国語を翻訳する機械翻訳装置の人工知能や、全校生徒の顔を認識する画像認識の人工知能を作ることより難しいのである。もっと言えば、高速道路をスムーズに走る自動運転車の人工知能を作ることや、囲碁の世界チャンピオンを倒す人工知能を作ることよりも難しい。人間にとって簡単なことが、人工知能にとっても簡単だと思ってはいけない。絶対に。

「やっぱり、本質的に難しいのは『言語理解』だと思うよ。さっき、マドカちゃんも『こいつ言葉の意味がわかってない』って怒っていたけど。言葉の意味を理解するっていうのは、大変だし、摩訶不思議なものなんだ。まぁ、そんな感じで、コミュニケーションするロボットを創るのはまだまだチャレンジングだよね」

そう言って僕はやんわりと、コミュニケーションするロボットに関する質問の議論をまとめようとした。しかし、

「じゃあ、教授。ロボットに言葉の意味を理解させるにはどうしたらいいんですか？」

そう言って、マドカは容赦なく僕に新たなる直球の難問をバズーカ砲のように、ぶち込んできたのだった。質問魔は簡単には僕を解放してくれない。

どうやらこの戦いはまだ始まったばかりらしい。

言葉の意味は定義できるか？

ロボットにとっての言葉の意味とは何かという問題は、まさに僕の専門とも言える領域だ。難

度の高い質問とは言え、受けて立たなければならないだろう。

こういう質問はやはりそもそも論から始めなければならない。僕は右人差し指を立てて三人に問いかけた。

「じゃあ、みんなにとっての『言葉の意味』って何だろうね？　言葉の意味ってどうやって理解する？　どうやって知る？」

僕の質問に三人とも首を傾げる。マドカは「なんとなく？」、夏子は「……辞書とかウィキペディアを調べるかな？」などと呟《つぶや》く。そんなマドカに「いや、『なんとなく』じゃだめだろ？」と謙介が遠慮がちに突っ込む。僕はマドカの「なんとなく」発言には突っ込まずにそのままにしながら、夏子の方を向き、彼女の発言に応じた。

「たしかに、言葉の意味を調べるよね。昔だったら分厚い『広辞苑』とか『新明解国語辞典』、『大辞林』なんかで調べていたけど、今なら、インターネットでグーグルとかウィキペディアとかを使ってサササッと調べちゃうよね」

夏子はコクリコクリとうなずく。「じゃあ、実際に調べてみようか」と言って、僕は机の上のメモ用紙に、漢字二文字で『紅玉』と書き記した。

「紅玉？」

マドカが首を傾げる。僕がみんなに「知ってる？」と聞くと、三人とも横に首をフルフルと振った。

「じゃあ、この言葉の意味をスマートフォン使っていいから調べてみてよ。誰が一番にこの『言葉の意味』を理解できるかな？　よーい……ドン！」

僕が合図を鳴らすと、三人は素直にスマートフォンを取り出して、それぞれに検索を始めた。ほんの三十秒もしない間に、謙介とマドカが同時に手を挙げる。まぁ、勝負自体はどうでもよいので、二人に「どうぞどうぞ」と両手で発言を促した。

「リンゴの品種の一つみたいですね」

「明治初頭に日本に入ってきたアメリカ原産のリンゴだって〜」

謙介が前で、マドカが後ろだ。より具体的な説明だったので、マドカは謙介に対して勝ち誇ったような表情を浮かべている。

——まぁ、うん、偉い偉い。

僕は意地悪な笑みを浮かべながら、そんなマドカに質問を追加する。ここからが本番なのだ。

「その説明文はわかったんだけど、じゃあ、『リンゴ』って何？」

その僕の質問に、マドカは目を丸くして唇を開く。

「リンゴはリンゴじゃないですか？　教授？　何言ってるんですか？　教授が『リンゴ』を食べたことないなんて言わないですよねー？」

それはたぶん、まっとうな質問だ。圧倒的多数の日本語を話す「人間」ならばリンゴという言葉が、あの紅くて丸くて甘い果物を意味すると知っているし、触ったことも食べたこともあるだろう。皮をむいたことがない人はそれなりにいるかもしれないが、いずれにせよ、リンゴが何かなんて、日頃の経験で知っているのだ。あれこれ考える必要なんてない。そう、人間ならね。

「マドカちゃん。何か勘違いしていないかい？　今の議論は僕やマドカちゃんではなくて、ロボットや人工知能がいかにして『紅玉』を理解するかという話なんだよ？　……電気仕掛けのロボットがリンゴを食べたことなんてあるのかい？　SNSの上にいるチャットボットがリンゴを食べたことなんてあるのかい？」

僕の意地悪な問いかけに、マドカは「あっ！」と口に手を当てる。謙介も「あ、ホントだ！」と気づいたようだ。

「バラ科リンゴ属の落葉高木樹。またはその果実のこと。植物学上はセイヨウリンゴと呼ぶ。春に白または薄紅の花が咲く。果実は食用にされ、球形で甘酸っぱい」

僕の横で突然、夏子が文章を読み上げたので、僕とマドカと謙介はビックリして彼女の方に顔を向けた。

「……え、……あ、『リンゴ』の意味です。ウィキペディアで調べました」

スマートフォンから顔を上げると、僕たちの反応に夏子は逆に驚いたような表情を浮かべた。文化祭企画委員会総務パートリーダーは本当に真面目な娘である。

「あ、ありがとう。で、そういう風に深入りしていっても、やっぱり、同じ壁が聳《そび》え立っているんだよね。つまり、『落葉高木樹』ってなんですか？『果実』ってなんですか？『甘酸っぱい』ってなんですか？　ってね」

「あ、そっか、どこまで行っても別の言葉に疑問符が飛び火するだけなんだ。そして、どの言葉に辿《たど》り着いても、その言葉自体の意味はわからない」

マドカが勘よく気づいて、その答えの正否を確認するように僕に視線を向ける。僕は一つうなずいた。

「そのとおり。記号接地問題を提唱したスティーブン・ハーナッドは、そういう現象を『メリーゴーランド』に喩《たと》えたんだよ。(5)意味を辿って行くと、記号の世界の中をくるくる回るんだ」

「だったら、僕たちはどうやって言葉の意味を理解しているんですか？　それがわかったら、ロボットにもそのやり方で言葉の意味を理解させるといいんじゃないでしょうか？」

謙介は、真剣な表情で、僕の顔を見た。

「それは、いい質問だね、謙介くん。じゃあ、僕たちがどうやって『リンゴ』の意味を理解しているかを考えてみよう。実は僕たちは言葉の意味は感覚的になんとなく理解するしかないんだ」

僕の回答に、謙介と夏子は、そんな馬鹿な、と言わんばかりに意外そうな表情を浮かべた。コミュニケーションに詳しい教授ならば、もっと気の利いた解説が返ってくるとでも考えていたのだろう。このあたりについては、言語学者の鈴木孝夫の『ことばと文化』(岩波書店)がおもしろいので一読を薦めたい。

ただ一人、マドカが「あ、じゃあ、私、正解じゃん」と自分を指差して喜んでいる。さっき言葉の意味をどうやって理解するかという僕の質問に「なんとなく?」と回答していて、謙介に「だめだろ?」と突っ込まれていた。実は駄目じゃなかったのだ。だから、僕は何も言わなかったのである。

「でも、教授。ロボットや人工知能に『なんとなく、リンゴの意味を理解しろ』って言っても無理じゃないですか? それで済むんだったら、まるで魔法だし、とっくの昔に意味を理解するロボットや人工知能なんてできているんじゃないですか?」

さすがに、ロボットや人工知能の技術者をめざすだけあって、真剣な質問を返してくるのは謙介だ。僕はそれを制止するように、右手の人差し指を謙介に立てて見せる。そう、ここがポイントなのだ。

「謙介くん。僕の説明のなかで、重要な単語をすっ飛ばしているよ。僕は『感覚的になんとなく理解する』って言ったんだよ? ただ、なんとなくじゃない。感覚的になんとなくって言ったんだ」

「感覚的……?」

謙介は首を傾げる。「なんとなく」と「感覚的になんとなく」の違いはよくよく注意して考えないとわからないだろう。

「人間の『感覚』って何だい?」

「感覚? えっと、暑いとか寒いとか、甘いとか辛いとかですか?」

「そうだね。五感だ。触覚、味覚、嗅覚、視覚、聴覚だね。——夏子ちゃん。『リンゴ』ってどんなもの？　って普通に聞かれたら、どう答える？」

「えっと……。赤い色の果物で、丸くて、硬くて、中が白くて甘くて、手で持ったらずっしりとした、……このくらいの大きさの……果物です」

そう言って両手で丸の形を作ってみせた。それを見て僕は「うんうん」とうなずく。

「そうなんだ。赤いっていうのも、硬いっていうのも、甘いっていうのも、全部、僕らの視覚や触覚、味覚といった感覚器から入ってくる情報なんだ。もちろん、その情報を得るためには、つかんだり、食べたりしないといけないから運動器の働きも必要だけどね」

「つまり、教授は、感覚的っていうのは、『適当に』って意味じゃなくて、人間が自身の感覚を使ってなんとなく言葉の意味を理解しているって言いたいんですか？」

マドカの的確な質問に、僕は「おおむねそうだね」とうなずいた。

「しかも、『なんとなく』っていうのも意味深なんだよ。僕たち人間って、自分たちの脳内で行われる情報処理をすべて明確に意識できているわけじゃない。意識できている脳内の思考なんて、大脳新皮質の前頭葉の方でやっている意識的な処理とか、ほんの一部だって言われている。みんな、歩いたり自転車に乗ったりしている時の足の動きなんて意識しないでしょ？　人に名前を呼ばれて、それが自分の名前だと理解するまでの過程を意識したりしないでしょ？　だから、『感覚的になんとなく』、というのは、『感覚情報に基づいた無意識な脳内計算処理によって』とも読み替えられるんじゃないかな？　って思うんだ」

そう言うと、夏子が「そういう言い方をすると、とても専門的に聞こえますね」と言う。僕は「そうだね」とうなずく。マドカは「なんか、詐欺に引っかかっている気がするけど」と胡散臭そうな表情。僕は気にせずに説明を続けた。

「じゃあ、謙介くん。ロボットにとっての感覚器と運動器って何だと思う？」

僕の問いに、謙介はハッとしたように顔を上げると、右手を顎につけ、少し思案した後に口を開く。

「センサとか、モータとかでしょうか？」

「ビンゴッ！」

優秀な生徒を持って喜んだ僕は、指をパチンと鳴らした。

「言葉の意味を理解するには、人工知能は身体を持つ必要がある。みずからの感覚運動器、つまり、センサ・モータシステムを通して、環境と相互作用して、みずから概念を形成していく必要があるんだ。少なくとも、僕はそう考えている」

急に持ち込まれたSFのような世界観に、三人の高校生は驚きの表情を浮かべた。「そんなことができるのか？」と。こういう疑問に対する答えは、常にできるかできないかのゼロかイチかの二分論ではなくて、ドコドコまではできるという程度問題ではある。できないわけではない。ロボットによる実世界における多感覚運動情報に基づく概念形成。それは、マルチモーダル概念形成と呼ばれている。

マルチモーダル概念形成

視覚や聴覚、触覚といった感覚経路のことをモダリティと呼ぶ。マルチモーダルとは複数のモダリティに関わっていることを指す用語だ。

百聞は一見に如かず。僕は、ノートパソコンを開いて、ログインすると動画フォルダをクリックした。そして、目的のファイルを見つけると、三人にパソコンの画面を向けて、その動画ファイルを再生した。

「ちょっとこれを見てごらん」

僕の見せるノートパソコンの画面を三人がのぞき込む。

「ロボットですか？」

謙介の問いに僕は「そうだよ」とうなずく。それは、マルチモーダル概念形成に関する実験風景のショートビデオだった。

黒いヒューマノイドロボットが室内を移動する。ヒューマノイドロボットといっても、二脚で歩く二足歩行ロボットではない。脚の代わりに車輪が取りつけられた台車があり、その上に上半身が載せられたようなロボットだ。ロボットにおいて、二足歩行ロボットと台車を使った車輪移動ロボットでは、製作の難易度がまるで異なる。コスト面でも歩行ロボットを作ろうとすると費用が跳ね上がる。人間や動物のような脚による歩行の研究や、不整地での移動の研究でなくて、平面移動しかしない家庭での学習やタスク実行、人間とのコミュニケーションなどの研究であれば、こういう車輪移動ロボットを使うのが現状では現実的だ。

上半身にカメラなどを備えつけた顔と、双腕を持つそのロボットは実験室の中を移動して、机の上のペットボトルを発見する。高校生三人は、これから何が起こるのだろう？　どんなすごいことが起こるんだろう？　という面持ちでそのビデオを見ていた。

ビデオの中で、ロボットは机の上のペットボトルに腕を伸ばした。そして、つかむ。そして、離す、つかむ、離す、つかむ、離す。

「これ、何やってるんですか？　教授？」

マドカが目線を上げて僕の顔を不思議そうに上目遣いに見る。

「握って、触って、ペットボトルの触覚情報を得ているんだよ」

次に、ロボットはペットボトルを持ち上げると三回ほどシャカシャカと振った。

「これは？」

「振ってみて音を聞いているんだ。人間の赤ちゃんが知らないものをバンバン振るみたいにね。聴覚情報さ」

マドカは「へー、おもしろい」と画面に見入る。他の二人も興味深げな様子だ。

最後に、ロボットはつかんだペットボトルをいろんな方向に向きを変えて、頭部のカメラでの

ぞき込んだ。

「最後に視覚情報だね。いろんな方向から見て写真をいっぱい撮って、見た目に関する情報を取得しているんだよ。こうやってロボットが自分で自分自身の感覚器で、多感覚な――マルチモーダルな感覚情報を取得するんだ」

実世界で身体を持ち、感覚運動器を持つロボットは、みずからの身体に基づく経験を得ることができるのだ。コンピュータ上のチャットボットとは異なる。

「なんか、コミカルですね」

夏子が顔を上げる。「カワイイ」とマドカ。

「でも、これ、何やっているんですか？」

謙介が要領を得ないとでもいうように、問いかける。

普通、ロボットのデモビデオなどを見せられると、そこに映っているのは「ロボットが何かすごいことをできるよ」的な様子だ。ところが、この動画はそういう類のロボットのデモ動画とは根本的に異なっていた。ロボット自身がそのペットボトルが何なのかわかっていない感がものすごい。視点を変えるために、僕は質問を投げかける。

「僕たちが赤ちゃんの時に認知発達を遂げる過程で、物体の概念を形成していく時ってどんな感じなんだろう？」

マドカは「うーん」と腕を組むと、真面目な顔で「私、赤ちゃんの時のこと覚えてないなぁ」

と首を傾げて見せた。そりゃ、そうだ。

「発達心理学者の生みの親とも言われるジャン・ピアジェは、赤ちゃんが物体をいじって、環境と相互作用する中で、シェマという概念みたいなものが認知システムの内部ででき上がってくると説明したんだ。認知発達の初期を感覚運動期と言うんだけれど」

ジャン・ピアジェは発達心理学の父みたいな言われ方をするが、僕としては発生的認識論という哲学の方が重要なように思う。世界を認識する僕たちの知覚自体が環境との相互作用を通してできてくるといった考え方だ。この考え方は、より広くは構成主義《コンストラクティヴィズム》と呼ばれる枠組みに属する。みずから言葉の意味を理解するロボットに迫る研究では、常に構成主義の視点を持つことが重要だ。

「あ、ちょうど、私の姪っ子がそんな時期かもしれません。なんだか、おもちゃ屋さんで買ってきたパズルみたいなおもちゃとか、触ったら音が鳴るおもちゃとかで、キャッキャキャッキャ言っています。あと、それだけじゃ飽き足らず、タンスを開けまくったり、台所の調理器具を出しまくったり……、子育て大変みたいですね」

夏子には年の離れた姉がいて、すでに結婚して子どもがいるらしい。一歳くらいということなので、まさにピアジェの言う感覚運動期にあたる。

「まぁ、こんな感じで人間の赤ちゃんみたいに、ロボット自身の感覚器を使っていろいろ経験させるんだ。さっき、謙介くんが言ったでしょう？　『人間がどうやって言葉の意味を理解しているかわかったら、ロボットにもそのやり方で言葉の意味を理解させるといいんじゃないか?』ってね。そのとおりだよ。じゃあ、みんなはこの世界に生まれ落ちて、どうやって、物体の概念とか、言葉の意味とかを覚えたと思う? それは、赤ん坊の時から、幼児の時から始まっているんだよ。だからロボットも、そんなみずからの身体を使った赤ん坊みたいな経験から始めなくちゃいけないんだ」

そう言うと、僕は、また、机の上のメモ用紙に専門用語を一つ書き記した。

《認知発達ロボティクス》

「認知発達ロボティクス? なんですか? これは?」

「こんな感じでロボットの認知発達を考える学問。およぴ、それを通して、発達心理学や認知科学に知見を与えようとする学問のことだよ。世界的な研究コミュニティがあるけれど、日本だと大阪大学の浅田稔や、沖縄科学技術大学院大学の谷淳なんかが有名だね。さらにそこから概念形成や言語獲得といった方向に発展させた学問分野が記号創発ロボティクスだ」

「ロボットの研究って、動くロボットを作って工場とか家庭を便利にするってだけじゃないんですね」

マドカの発言に、僕は我が意を得たりと大きくうなずいた。

「ロボティクスは総合的な学問なんだよ。ロボットは人間の姿や機能を真似て創る。だから人間の『モデル』になるんだ。人間理解の研究に関するロボットの役割は、これからどんどん重要になってくると思うよ」

思わず力説してしまう。そんな僕の斜向かいで、謙介はじっとパソコンの上の動画を見つめていた。

「で、このビデオに映っている実験の続きはどうなるんですか、教授？」

謙介が話題を引き戻してくれた。僕は、ゴメンゴメンと言いながら、実験結果を表すスライドをパソコンの上で開いた。

「具体的な機械学習の手法の説明は、ここでは省略するけどね。基本的にはさっきみたいにして得られたセンサデータを、マルチモーダルLDAとかマルチモーダルHDPって呼ばれる機械学習の手法や、それらを拡張した手法で、学習させるんだ。統計的モデリングって言ってもいいかもしれない。そうすると、各物体がこんな風に自動的にグループ分けされるのさ」

そうやって僕が示したのは、多くの物体が十個ほどのカテゴリーに分類された図だった。さまざまな色のペットボトル、ボール、ぬいぐるみ、ブロック、マラカスの玩具などといった物体が、人間の目から見て自然なグループに綺麗に分類されている。機械学習の用語で言うところの、クラスタリングの結果だ。

「え？　これ、ロボット自身がグループ分けしたんですか？」

謙介が驚いたように言う。「そうだよ」と僕が答えると、他の二人も驚いたような表情を浮かべた。

「ロボットは人間が『これがペットボトルだ』って教えないのに、どれとどれとどれがペットボトルなのかわかったってこと？」

マドカが首を傾げる。手品の種明かしを求めるように。

「そこはね。ややこしいんだけど、ロボットはこの物体群が『ペットボトル』という名前だっていうことは、この時点ではわかっていないんだよ。でも、これらが、ひとまとまりのグループとしてみたほうがいいくらいよく似た物体だってことはわかるんだね」

僕たちが物体を認識する時、ロボットに物体を認識させようとする時、僕たちは何かと視覚ばかりに頼りがちになる。しかし、物体の概念は視覚のみによるわけではないのだ。そもそも、僕たちは視覚のみの世界に生きているのではなくて、五感によって構成された世界に生きている。生きていく上では、物に触れ、音に気づき、そしてさまざまな角度から物体の概念を形成していくことが大切なのだ。

「こういう物体の概念的なまとまりをカテゴリーって言うね。こういうカテゴリー形成を通して物体を概念化することで、ロボットはグループ分けをするだけじゃなくて、モダリティ間の予測ができるようになるんだ。これは、概念の役割としてすごく大事なこと」

「モダリティ間の予測？」

「そう。モダリティとは視覚や聴覚、触覚といったような感覚のチャンネルを指すんだけどね。たとえば、みんなが目の前にリンゴを見つけたとしよう。この状況ではみんなが得ているのは視覚情報だけだ。それなのに、みんなにはそのリンゴがどんな手触りで、どんな味で、どんな重さなのか予想――想像できるだろう？　それはみんなが視覚から『リンゴ』の概念を介して他のモダリティ情報を予測できているからなんだ。もし、そういう概念がなかったら、みんなは、触ってみるまで、その物体の手触りも、重さも、味もわからないんだよ」

隣で静かに聞いていた夏子が「へー」と興味深そうに呟いた後に、ふと気づいたように首を傾げた。

「じゃあ、このロボットは、物体の名前はどうやって覚えるんですか？　視覚とか聴覚の情報をまとめて、それでおしまいだったら、人間と言葉でコミュニケーションできない気もしますけど？」

似た物体をグループ化するだけじゃ、人間とコミュニケーションできないじゃん？　とでも言いたげな三人の視線を受けて、僕は「いい質問だね」と返した。

言葉を覚え始めるロボット

ロボットは人間から発される言葉を、みずから形成した物体のマルチモーダル概念と結びつけることができる。しかし、それは、僕たちが考える「言葉を教える」という過程とも少し違うのだ。

「もちろん、このロボットに物体の名前くらいは教えることができるんだけどね。でも、みんなが普通に考える、『ロボットに教える』というイメージとちょっと違うと思うよ」

「どういうことですか？」

「このロボットは赤ちゃんのモデルなんだってことを思い出してほしい。赤ちゃんは初め言語を持たない。言葉を知らない。文法を知らない。まぁ、言葉を知らないからこそ、こんな学習をやっているわけだからね」

　夏子はまだ、ピンとは来ないようだ。

「えぇ。だから『これがリンゴだよ～』って教えるわけですよね？　そうすれば、『これ』が『リンゴ』だとわかるわけで……」

「でも、夏子ちゃん。言語を知らない赤ちゃんやロボットが、どうして『これ』が目の前の物体を表していて、『これがリンゴだよ～』っていう文で、文法的な意味において『これ』イコール『リンゴ』だってことがわかるんだい？」

　僕がそこまで言うと、夏子と謙介は「あっ」と口を開いた。

　二人は問題に気づいたようだ。まだ気づかないマドカは、その二人を比べるように見た後に「どういうこと？」と首を傾げた。

「つまり、『これがリンゴだよ』って教えるためには、ロボットや赤ちゃんが『これがリンゴだよ』っていう文の意味を理解できないといけないでしょ？　でも、赤ちゃんは、今、いろんな言葉を学習しているところじゃない？　日本語の文法だって知らないわけ。だったら『これがリンゴだよ』って言われても、目の前の物の名前がリンゴなんだって、教えてるってこと自体がわからないじゃない？」

と、夏子が補足してくれる。マドカは「う～ん。なるほど。……ややこしい」と腕を組む。

――そういうこと、そういうこと。優秀な生徒を持って、僕は幸せです。

「さらに追い打ちで悪いんだけどね。赤ちゃんはこの世の中に『リンゴ』って単語があることも、『これ』っていう単語があることも知らないよ」

「……あっ、そっか」

さすがの夏子もそこまでは思い至っていなかったらしく、虚をつかれたように、こちらを向く。

「その文の中に含まれている文字列、もしくは音素列が目の前の物体を表しているという可能性は知っていたとしても、目の前の物体に対応する音素列が『これが』なのか、『ごだよ』なのか『んごだ』なのか『リンゴ』なのかは赤ちゃんにはわからないわけだ。だから、もちろん、そのモデルであるロボットにもわからないよね」

「うわ～、面倒くさい……。すごく理屈っぽい気がする」

「でも、間違ってないわ。そうじゃない？」

面倒くさそうに口を尖らせるマドカを、夏子が窘《たしな》めるように言う。

マドカは「そうだけどさぁ……、面倒くさくて考えたくない」と机に頬杖をついて、ため息を漏らした。そう、普通考えたくないのだ。そんな面倒くさいこと。実際にロボットを使って人間の発達を研究する認知発達ロボティクスの研究者だって、その多くが「ロボットは、用いられる単語のリストに関してはすでに知っているものとする」という仮定の下で研究や実験をスタートさせる場合が多い。でも、赤ちゃんにはわからないのだ。それが現実。

「そういう風につながった文の中から単語のまとまりを見つけ出すことを単語分割《ワード・セグメンテーション》とか単語発見《ワード・ディスカバリー》って言ったりするんだけどね。実際に発達心理学の研究で、人間の赤ちゃんも一歳になる前には、そういうことができるようになるって言われているよ」

「あー、たしかに、人間の赤ちゃんが、生まれた時から辞書に載っている単語を全部覚えているなんてことは考えられないですもんね〜。ロボットなら辞書の単語を全部知っていることにしても構わないのは構わないんだろうけど」

「たしかに。そんな博識な赤ちゃん、気持ち悪いよっ！」

マドカの言葉に同調するように、謙介がマドカの横顔に声をかける。「だね」とマドカ。振り向いたマドカと目が合って、謙介は「……だね」と少し顔を赤らめた。

「でも、言葉も知らないロボットが単語分割なんて、勝手にできるようになるんですか？」

疑わしそうな夏子。目を合わせるマドカと謙介を見て少し唇を尖らせる。

「いや、まぁ。赤ちゃんにできるからねぇ。ロボットにできないこともないだろう」

ちょっと挑戦的に、サラリと言う僕。

「なるほど……、って、教授。今、かなり赤ちゃんに喧嘩売ってるようなこと言いませんでした？」

「いや、売ってないけど？」

「でも、赤ちゃんにできることならロボットは全部できるみたいな？　それはさすがに言い過ぎなんじゃないですか？　いくら、教授がロボットや人工知能の研究者だといっても、赤ちゃん研究とかしている先生方に聞かれたら、怒られるんじゃないですか？」

マドカの突っ込みに僕は腕を組む。そういう突っ込みを誘導したのは僕なんだけど。

反定立《アンチテーゼ》は、確たる定立《テーゼ》があってこそ輝くのだ。お気づきのことと思うが、僕の言ったのは反定立だ。多くの人が、人間とロボットとの間に大きな境界線があると考えている。

でも、それならば、「人間は機械でしかない」っていう逆向きの視点から見えてくることもある。積極的に機械を人間に見立てることで人間を理解しようとするのだ。僕たちが人間とは何かを理解するということは、人間をあるモデルを通して説明するということだ。ロボットは、数理モデルを動かす計算機に、センサとモータ、つまり、感覚運動器をくっつけた、実世界で動く人間のモデルなのである。

「いい突っ込みだね。その的確な突っ込みに感謝。でもね、ロボットというのは人間のモデルとして僕たちが創っているものなんだ。僕はなにも今のロボットでできるとは言っていないよ。未来のロボットではできる、もしくは、できると考えて進むべきだと言っているんだ。そう考えて、モデルを構築して、人工知能を構築して、ロボットを構築して、初めて僕たちは赤ちゃんの行う神秘に迫ることができるからね」

このあたりは科学哲学的な話だろう。重要だけど、高校生にはちょっと難しすぎるかな。話を広げすぎてしまったかもしれない。いずれにせよ、一つ言っておかないといけないのは「ロボット」の限界なんて、今の僕たちにはわからないってことだ。

ロボットというのは工学の産物、人間の想像力の産物であって、今、ここにある物だけがロボットなのではない。たとえば、すでに存在する化学物質の性質は決まっている。「二酸化炭素は燃えますか？」なんて聞かれると「燃えない」が答えだ。また、たとえば、「鶏は大空を羽ばたいて長い距離を飛べますか？」と聞かれたら「飛べない」が答えだ。それらは、今存在していて、その特徴が固定されているものだ。でも、ロボットはそうじゃない。

工学は可能性を拓く学問だ。たとえば「人間は宇宙に住めますか？」と聞かれたら、その答えはわからない。でも、「住めない」と断言するほうが嘘なのだ。工学者の要素を含んだ科学者ならば、「わからない」と答えた後に「住めるかもしれないので、その可能性を最大限に追求します」と言うのが誠実な回答だ。最大限に追求するということは、それを実現しようとする決心でもある。「住めない」と断言するくらいなら、「住める」と賭博のルーレットにみずからのコインを高く積み上げて賭けるように宣言した方が、ある意味では誠実なのだ。もし、そうでないならば、みずからに工学的な意味で「探求をあきらめる」という呪いをかけることになるのだから。

「話、戻すけど。そんなに未来の話をしなくても、すでに、音素列から単語分割をロボットにさせて単語を発見させて、それをマルチモーダル概念と結びつけることでロボットに語彙を獲得させるということはできてきているんだ」

基礎となる文字列の分節化に関する手法には、二〇〇九年頃にエジンバラ大学のシャロン・ゴールドウォーターや、NTTコミュニケーション科学基礎研究所（現在・統計数理研究所）所属の持橋大地らによって提案された教師なし単語分割手法がある。[6] これらの手法は、大量のテキストデータを使って、ベイズ推論に基づいて適切な単語分割を実施するというものだった。しかし、これらをロボットの語彙獲得に使うためには、マルチモーダル概念とどう結びつけるか、音声認識誤りにどう対応させるかといった問題に対応する必要があった。これを解決したのが電気通信大学の中村友昭や、立命館大学の谷口彰らの研究だ。[7] 前者はマルチモーダル物体概念、後者はマルチモーダル場所概念と教師なし単語分割手法を統合し、ロボットが人間の音声発話から、語彙獲得をできるようにしたのだ。これで、ロボットに事前に単語辞書を与えておく必要はなくなった。

「単語分割の問題は大丈夫だったとしても、さっき言っていた文法の問題はどうするんですか？『これがリンゴだよ』っていう文を理解するってやつ」

謙介が、そこが問題だったはずでは、とばかりに問いかける。

「あぁ、そこの解決方法は現状のところ単純。文法を知らないんだから、もう、赤ちゃんなりにロボットなりに、文を単純に単語の集まりって思ってもらうんだ。『これがリンゴだよ』なら、『これ』『が』『リンゴ』『だよ』みたいな？　他の触覚や視覚、聴覚情報と一緒に、そういう単語が観測されたって思ってもらう。そうすると、『リンゴ』っていう言葉が聞こえる時には、目の前には赤くて、丸くて、硬い物体があるなぁ……、という風にロボットは徐々に、リンゴの概念と『リンゴ』という言葉を確率的に、統計的に結びつけていくんだ」

「え？　でも、それじゃ『これ』とか『が』もリンゴと一緒に出てくるから、それもリンゴの名前だって学習しちゃわないんですか？」

夏子が素朴な疑問を口にする。そのあたりが、統計的学習、つまり機械学習のポイントなんだ。

「まさにいい質問。よく考えてごらん。『これ』とか『が』は、リンゴ以外のミカンでも、ペットボトルでも、ボールでも、ロボットに物を見せて教えようとする時に話すだろう？　そうすると、統計的に考えれば、ロボットにとっては、『リンゴという概念を指す言葉』にはならないんだよ。物体としてのリンゴが目の前にあった時に話されて、その言葉が話された時にその物体があるもの、それが、その物体概念にかかわる単語なんだって考えるのが自然だよね」

僕の説明に、ちょっと難しそうな顔をしながら「なるほど」と夏子と謙介はうなずいた。

言語獲得や概念学習をする時に、僕たちは、さまざまな情報を取り入れながら統計的に学習する。だから、何かの学習の結果が一つの教示によって完結することはあり得ない。ある時に学んだ事象は、そのあとに学んだ事象に影響を与える。知識は統合的なシステムとして存在するのだ。こういう過程を表現するには、やはり、きちんとした数理モデルが必要で、統計学、データ科学、機械学習といった分野の知識が重要になる。

「まぁ、そんな感じで、ロボットは物質的な環境との相互作用、あと人間との言語的な相互作用から、言葉の意味を『感覚的』に理解することはそこそこできるようになるんだ。ロボットという身体を持って実世界とつながる存在を研究に組み込むことで、言葉の意味の理解っていうのは一歩進める。『感覚的』、恐るるに足らずってことだよ」

言葉の意味をどう考えるか、ということになると、みんな言語学や哲学の話だと思い始めるし、また、工学や情報学の話と考えても、それは自然言語処理というテキスト処理の分野の話だと思いがちだ。でも、僕たち人類は言語をこの実世界で環境に適応し、生きていくための道具として、進化的に獲得してきたのだ。そう考えれば、言葉の意味理解は、身体を持って実世界で適応していく存在に関する学問——つまり、ロボティクスの研究課題だと、僕は思うのだ。

「じゃあ、教授。コミュニケーションするロボットを創る時に、言葉の意味の問題は、マルチモーダル概念を獲得させればオッケーてことでいいんですか？」

「おー、よかったじゃん。これで、謙介の夏のレポートの方向性もバッチリだね」

話をまとめにかかる謙介に、マドカが軽く茶々を入れる。マドカが謙介の髪の毛をぽんぽんと叩くと、謙介が「ちょっと、やめろよ」と照れくさそうにのけぞった。その二人の様子に夏子は笑顔の上で少しだけ眉をひそめた。

——ただし、まぁ、人間の使う言葉の意味なんて、そんな単純なものばかりじゃないのだ。

だから、僕は三人に残念なお知らせを告げなければならない。

「ぜんっぜん、オッケーじゃないよ」

じゃれ合っていた二人は停止し、「デスヨネー」と声をそろえた。

コミュニケーションするロボットへの道のりは険しい。

第5章

意味って結局何なんですか？

文の意味は単語に分解できますか？

七月の熱気に賀茂川も窓ガラスの向こう側でハイコントラストな色彩を放っている。川沿いには子どもを連れた家族連れもいて、子どもたちは水着姿だ。夏だなぁ。京都の夏だ。外の気温は四十度に迫る勢いで、今日も猛暑日。でも、ここ喫茶店エトランゼの室内はよく空調が効いていてとても涼しい。いや、冷えすぎているくらいだろうか。クーラーの効かせすぎは、体にも、地球環境にもよくないのだけれど。

僕の正面には小沢マドカ、斜向いの席には三田謙介、隣のソファ席には木村夏子が座っている。ひとしきり話した気がするが、まだおやつの時間の少し前といったあたりだ。

「コミュニケーションするロボットは創れるか？」という言葉から、話題は徐々にロボットにとっての、また、人間にとっての言葉の意味とはいったい何なのかという話題に発展してきた。僕の話を一通り聞き終えた三人は、あーでもないこーでもないと、自分たちでも話し合いを始めていた。でも、「言葉の意味とは何なのか？」という点については、議論を進めあぐねている様子だった。まぁ、そもそも、難しすぎる話なんだけどね。ちょっと、このあたりで十渉してみるとしよう。

僕はつと顔を上げて、頬杖をつきながらマドカを見る。

「マドカちゃん」

「はい」

「ちょっと、寒くない？」

この試すような問いかけを、僕は、マドカに投げる。

「あ……、そうですね～。ちょっとクーラー効きすぎかも？　幸人《ゆきと》さんに設定温度あげてもらいます？」

ちなみに、幸人さんというのは、今カウンターに入っているアルバイトのお兄さん、桐生院《きりゅういん》幸人《ゆきと》のことだ。常連のマドカは、彼と仲がよいのだ。

「そうしようか？　お願いできる？」

僕がそう言うと、マドカは「はーい」と、席を立ってカウンターに向かい、二言三言、カウンターの幸人と話をして戻ってきた。幸人はカウンター奥の厨房に入っていったので、設定温度を変更しに行ったのだろう。

マドカは座席に戻ってきて「言ってきましたよ～。とりあえず二十七度にしてもらいました」と報告。夏子も寒かったようで「私も寒かったんだ～」なんて言っている。僕はそんな二人の様子を確認してから、口調を戻し、話を切り出した。

「ところで、マドカちゃん。さっき僕が言った言葉って覚えてる？」

「えっと……『ぜんっぜん、オッケーじゃないよ』ですか？」

「いや、その後」

「……『ちょっと、寒くない？』ですか？」

「そう、それ」

「それが、どうかしたんですか？」

何が言いたいのかわからないと言いたげに、マドカが首を傾げる。

「まぁ、実は、その僕の問いかけ自体が、僕たちが話題にしている『意味とは何か？』という問いにつながっているんだ。さっき、僕が『ちょっと、寒くない？』って言った時、それをどういう意味だと思った？」

「どうって言われても……。クーラー効きすぎて寒いから、温度上げるか、止めてほしいっていう意味かな～って思いましたけど？」

「それで、マドカちゃんは、僕の意図を汲《く》み取って『幸人さんに設定温度あげてもらいます？』って言ってくれたわけだ」

「はい。えっと……何か間違ってました？」

「いいや。大正解。めっちゃ合ってたよ。ホントちょっと寒かったからさ」

「よかった」

「じゃあ、ここで、僕のさっきの言葉が『クーラー止めてほしい』って意味だったことを覚えておいてよ」

「はい」

マドカがうなずいたところで、僕は一口だけコーヒーをすする。そして、続けた。

「さて、問題です。『ちょっと、寒くない？』って英語に訳したらなんでしょう？」

「え〜っと、『Isn't it cold？』ですか？」

「正解。じゃあ、中学の英語を思い出してもらって、そういう『Isn't it——』の構文って、どう答えるべきって教えられたかは覚えている？」

「あ〜、ありましたね。えっと、Is it とか Isn't it だったら、『Yes, it is.』か『No, it isn't.』とか、イエスかノーで答えましょうとか教えられた気がします」

「じゃあ、もとに戻って、その正しい返答とやらを和訳してみよう」

僕がそういうと、マドカは少し考えてから口を開いた。中学英語の時間だ。

「『はい、寒いです』と『いいえ、寒くありません』ですか？」

「そう、それが僕の質問の意味を言葉通りに受け取った時の正しい返答だね。僕の質問はマドカちゃんが寒いと感じているかどうかっていう質問文だったから、『はい、寒いです』とか『いいえ、寒くありません』って返したら、間違ってはいないんだよね。それで会話は終了。何も間違っちゃいない。でも、謙介くん。もし、さっきの状況でマドカちゃんが『はい、寒いです』とだけ答えていたら、どう思う？」

突然、話を振られて謙介は「えっ？　オレ？」と自分を指差す。僕はうなずいて、謙介に回答を促す。

「え〜っと。マドカって空気読めないやつなんだなって思いますね」

そう謙介が言うと、マドカは「私、空気読めるしぃ」とムスッと頬を膨らませた。「わかってるよ」と謙介は苦笑い。

「まぁまぁ。マドカちゃんはちゃんと僕の言葉の意味を汲み取って、幸人さんにクーラーの設定温度を上げてもらうようにお願いしてくれたんだから空気読めなくないよ。むしろ、その逆、空気読めまくりだよね」

そう僕がフォローすると、マドカは両手でピースサインを作って「イェーイ」と自慢顔だ。

まぁ、結構これを普通にできる人は多い。人間は語用論を理解できるのだから。

「ここでポイントなのは、僕らの日常的なコミュニケーションにおける言葉の意味っていうのは単語の意味を結合してでき上がった言葉通りの意味にはとどまらないってことなんだ。それ以上の意味を持つことがある。こういうのを言語行為っていうんだけどね。こういう言語行為をロボットに理解してもらうっていうのも、コミュニケーションするロボットを創るためには重要なチャレンジなんだよ」

謙介とマドカは、なるほどとうなずいたが、夏子は少し首を傾げる。

「教授がおっしゃることはわかるんですけど……、そこまでの、人間みたいな理解をロボットに要求するのは、さすがにちょっと求めすぎなんじゃないでしょうか……？　そこまで空気を読んでくれるロボットを求めなくても、もっと、普通の言葉の理解をしてくれるだけでいいんじゃないでしょうか？」

夏子のしごく真っ当で、常識的な疑問に僕は一つため息をつく。そうなのだ。夏子だけじゃない。ほとんどの人たちが、みんな、自分たちが使っている言葉の意味の深遠さに無意識なのだ。日常会話の複雑さに無意識なのだ。

「言わんとすることはわかるけどね、夏子ちゃん。今、僕の出した例は、特別な例なんかじゃ、まったくないんだよ。僕たちの日常会話をよくよくこういう視点から意識して観察してみたら、こんな言語行為ばっかりなんだ。そうすると、『言葉の意味って本当に何なんだろう？』って思えてきてしまうんだ。実際には言葉通りじゃないのが僕たちの自然なコミュニケーションだから」

そうなのだ。何も特別なコミュニケーションの例を言っているわけではない。僕たちの日常のコミュニケーションは多かれ少なかれ、さっきの僕とマドカとのやり取りみたいなものなのだ。

「もし、ロボットがそんな僕たちの自然なコミュニケーションに全然ついてこれなかったら、僕たちはロボットに話す時には、意識してロボット向きの具体的で直接的な言葉遣いをしないといけない。それはきっと面倒くさいだろうね。……まぁ、今のロボットとのコミュニケーションが、そんな感じなんだけど」

誰でも一度は経験があるのではないだろうか？　家電量販店や観光案内所に置いてあるコミュニケーションロボット。これに話しかける時、僕たち自身が、彼らの理解する言葉の使い方に合わせなければならない。僕たちは対ロボット特有の話し言葉に切り替わる。「『トイレ』は『どこにありますか』？」「ピピッ。『トイレ』……は、『二階の東側』……にあります」みたいな会話だ。そして、その発話は、まるで、彼を操作するための見えないスイッチを押しているような感覚を生じさせる。僕なんかは、人工知能研究者のくせに、いつも思ってしまうのだ、「こんなんだったら、タブレットで操作した方が早くないだろうか？」なんて。

「コミュニケーションするロボットを創るっていうのは、そういう人間との自然なコミュニケーションについてこれるロボットを創ることなんだと僕は思っているよ」

僕は、自然な言語行為に関する議論をそう結んだ。

そして次に、もう一歩、後退させて、それ以前の議論へと話題を転換する。

「ところで、言語行為の話は脇に置いて、『言葉通り』に人間の言葉を理解するロボットを創ろうと考えたとしよう。実はその場合でも、ロボットがそれぞれの単語の意味を感覚運動情報の観察から学習して、それを足し合わせるっていう、単純なマルチモーダル概念形成による単語学習みたいなアプローチじゃ足りないんだ」

「そうなんですか？」

「あぁ、そうだよ。みんなが概念学習について考える時に、つい例に挙げるのは、リンゴとかペットボトルとか、そういう物体だ。言ってみれば名詞が圧倒的に多い。特に物体概念。物体の概念というのは、おうおうにして物体そのものから得られる感覚情報によって特徴づけられる。それが文法的に他の語にどうつながっても、その感覚知覚が大きく変わることはあまりないような言葉ばかり偏って扱っているんだ。たとえば、『リンゴを食べる』って言っても、『リンゴをつかむ』って言っても、目の前にあるリンゴから得られる視覚特徴とかは変わらないんだ」

「……そうですね。リンゴは変わらないですね。他の言葉なら変わるんですか？」

夏子の言葉に僕は「そうだよ」とうなずいて返す。

「たとえば動詞なんかでは、ずいぶんと変わってくる。『槍を投げる』『ボーリング球を投げる』『フリスビーを投げる』なんかじゃ、同じ『投げる』でも、人間やロボットの身体運動自体は全然違うんだ。なにか物体が遠くへ飛んでいくという結果には、ある種の同一性があるんだけどね。少なくともロボットが『〇〇を投げろ』という命令を受けて、動作計画をしようとする時には、〇〇が決まらないと、どんな動作を作っていいかはわからない。学習する時だって、『槍を投げる』『ボーリング球を投げる』『フリスビーを投げる』などといった、いろんな『投げる』の動作を見て、ロボットがその平均的な動作を学習したとしたら、それらの動作が混ざった何の意味もない動作ができあがってしまう。それはもう『投げる』じゃないんだよ。こういうさまざまな『投げる』という動作の観察から、どうやってロボットに『投げる』の概念を学習させるのがいいのか？　解決方法を僕はまだ知らないね」

「……そんなこと考えたこともありませんでした。『投げる』って言葉なんて、全部、『投げる』で同じだと思っていました。『リンゴ』が全部『リンゴ』で同じだっていうのと同じ感じで」

　夏子は少し驚いたように目を見開いた。僕たち人間はこういうことをすべて無意識にやってしまう。だからこそ、そういう自分たちがやっていることの複雑さに気づきにくい。ロボットでそんな人間の知的行動を再現しようとすることは、僕たちにそんな人間の知的行動の高度さに気づく機会《チャンス》をくれるのだ。

「そうだよね。人間はそういう概念統合を無意識でやってしまう。その無意識の処理ってなんだろう。どういう計算プロセスでさまざまな概念形成や言語獲得を実現できるんだろうって考えるのが、まさに僕たちの研究なんだ」

「動詞以外は？　英語で言ったら、前置詞とか、副詞とか、形容詞とかあるけど？」

　マドカが思いつきで、質問を投げてくる。

「おっと、ここでマドカちゃんだね。いい質問だ。たとえば、前置詞を例にとってみよう。みんな『～の前《in front of》』ってどういう感覚知覚と結びつくと思う？　『～の前《in front of》』って言われてどんなシーンを思い浮かべる？」

　マドカは首を傾げ、謙介が天井を見上げ、夏子が机の上のカップをじっと見る。それぞれに考えているモードだ。

「よくわからない」

「うん、私も。何かの前って言われたら思い浮かぶんだけど。『〜の前』って言われてもよくわからない。とりあえず、いろんな場所の前のイメージがいろいろと思い浮かぶかな？」

　マドカの降参に、夏子の降参が続く。そして、謙介もお手上げというジェスチャーを示した。

「そうだよね。『〜の前《in front of》』みたいな言葉は、〜に入るものがちゃんと決まって、そこで初めて実際の感覚知覚――観測と対応するんだよ。それ単体じゃ、現実の観測、つまり、ロボットのセンサ情報と上手くマッチングできない。比較的最近、気づいたんだけど、こういうのってグーグル画像検索とか使うとなんとなく、理解できるんだよね」

「へー、どういうことですか？」

「ちょっと、スマートフォン出して」

　僕は三人に、まずは『リンゴ』をグーグル画像検索で検索するように言った。ブラウザを立ち上げて画像検索を実施すると、画面いっぱいにいろいろな赤いリンゴの画像が表示される。

「リンゴ出てきましたよ」

「おっけー。それは、つまり、『リンゴ』っていう言葉だけで、そういうまとまりのある対象を推論できるってことだ。じゃあ、次は『の前』とか『前』とかで検索してみて」

　僕がそう言うと、三人は検索を開始する。

「どうだった？」

結果はすぐに出た。

「なんだか、よくわかりません。バラバラです」

「うん。『前』で検索したら、なんだかよくわからない画像とか、前っていう漢字の画像とかが出てくる」

——そう。そういうのが『前』という言葉とウェブページ上で共起している画像なのだ。

「そういう画像から、ロボットが『前』って言葉の意味を学習できると思う？」

そう僕が聞くと、三人は「ムーリ、無理無理」と首を左右に振った。そう、無理なのだ。やってみるまでもない。明らかに無理なのだ。人間に同じ学習タスクをさせてもたぶん不可能だ。

「じゃあ、今度は『扉の前』とか『家の前』とかで検索してみて」

三人はそれぞれにキーワードを打ち込んで検索する。

「どうだい？」

「あ、今度は、まさに家の前って画像ばっかり出てきました！」

「私も、私も！　今度はちゃんと扉の前の画像ばっかり出てきた」

マドカと夏子が「おー！」と感嘆の声を上げる。謙介は他のキーワードの検索を試しだしたようだ。

「もし『現実の観測との対応』というのが、言葉の意味なんだって考えたとしたら、単語の一つひとつが確たる意味を持っているわけじゃないってことになると思うんだ。物体や場所を表すような名詞は、比較的現実の感覚知覚と対応した観測情報から帰納的に定義できるような存在だ。マルチモーダル概念形成の時みたいにね」

僕は三人の顔を順に見る。ちょっと、難しいかもしれないが、マルチモーダル概念形成をするロボットの動画などを思い出しながら、どうにかついてきているようだ。謙介はまだスマートフォンで画像検索している。

「でも、前置詞とか動詞とか、その他、たくさんの単語や句は、それだけでは現実の感覚知覚とは結びつかずに、他の語と結びついて初めて現実の観測情報につながるんだよ。たとえば『扉の前』みたいにね。だから、感覚運動情報、つまり、マルチモーダル情報に基づいて、いろんな単語の意味を学習して、それを結びつけることで、経験に基づいた文の理解ができるだろうっていうのは大間違い。それより難しいし、文の意味は、やっぱり、文としてまとまってから初めて生まれるって考えるべきじゃないかな、って僕は思っている」

——文の意味は単語の意味に分解できそうで、できない。

それが、実際には本質なのだと思う。僕たちはそれをロボットにも理解させなければならない。

意味と記号論

その時、カランコロンと喫茶店エトランゼの扉が開いて、黒い上品なワンピースを身にまとい、麦わら帽子をかぶった女性が、肩にエコバックをぶら下げて入ってきた。一ノ瀬《いちのせ》綾乃《あやの》。ご存知、この喫茶店エトランゼの女主人《ミストレス》。

買い物から帰ってきた綾乃は「ただいま。あ、お留守番、ありがとう」とカウンターの桐生院幸人に声をかける。幸人は柔らかな笑顔で「いえいえ」と言っているが、少しホッとした様子だ。しっかり者の印象はあるが、やはり、一人の店番は不安もあったのだろう。

そして、綾乃は、僕たちにもすぐに気づく。

「あら？　今日はまた、たくさんの依頼人ね」

――だから、某ナイトスクープじゃないってば。

僕は無言で、口を尖らせる。夏子と謙介は「おじゃましています」と軽く挨拶をした。綾乃はさっそくエプロンを身に着けながら「ごゆっくり」とニッコリ微笑んだ。天性の営業スマイルである。

「『ごゆっくり』なんて言われたけど、もう、話しすぎた気もするから、そろそろ切り上げようか？　京都人の『ごゆっくり』って言葉も、言葉通りに意味解釈してはいけない」

僕は悪戯っぽく笑う。夏子と謙介がギョッとした顔をするが、マドカが「あれは言葉通りでいいんですって。もうっ！」と机の下で僕の足を蹴ってきた。

――こら、やめろ、痛い。

「まぁ、それはさておき。このくらいのネタがあれば、夏のレポートもなんとかなるだろう？」

時計を見ると三人が来てから、すでに一時間以上の時間が経過していた。僕の原稿執筆の時間は、七月の氷とともにグラスの中へと溶けて消えたみたいだ。

マドカは「そうだねー」と言い、夏子は「謙介くん、どう？」と、空色のシャツを着た少年の顔を上目遣いにのぞき込んだ。今回の主たる依頼人は謙介くん。彼が納得すれば、この質問コーナーは終了ということだろう。

——今日の授業は解散だ。頼むぜ、謙介くん。

謙介くんは開いたノートを確認してから、顔を上げて、おずおずとゆっくり右手の人差し指を立てた。

「最後に、一つだけ、聞いてもいいでしょうか？」

僕は「もちろん」とうなずく。

「『コミュニケーションするロボットを創る』って考えた時なんですが、そのロボットって必ずしも人間の言葉を話す必要ってないって思うんです。たとえば、僕たちってワンワンとしか吠えないペットの犬と、何かしら、コミュニケーションできる気がするんです。言語じゃなくても、何か心が通じ合うっていうか……。上手く言えないんですが。ロボットでも言葉を使わなくても、可愛いロボットっていっぱいあるし……。そういう可能性ってないんでしょうか？」

謙介の言う言葉に、マドカは「おっ！　たしかに！　謙介なのに、いいこと言うじゃん！」と話に乗っかってくる。謙介はそのマドカからの返しに嬉しいような、ムッとしたような、なんだか複雑な表情を浮かべる。

「それは本当にいい質問だよ。謙介くん」

そう僕が言うと、謙介は照れたように、左手を頭に当てて首を前に出した。

「みんなはソニーのＡＩＢＯっていうペットロボットを知っているかな？」

「ＡＩＢＯ？」

「あ、知ってます！」

二人の少女が首を傾げ、一人の少年が手を挙げた。僕は一つうなずいて説明を続ける。

日本のコミュニケーションロボット史上、もっとも重要で、もっとも成功したロボットを僕が選ぶなら、迷わずソニーのＡＩＢＯを選ぶだろう。世界のコミュニケーションロボット史上でもっとも重要、と言っても過言ではない。それも、初代のＡＩＢＯだ。残念ながらＡＩＢＯシリーズ自体は二〇〇六年でいったん生産終了となってしまった。現在、ａｉｂｏとブランド名を小文字に変えて新シリーズが二〇一八年より発売されている。ここでは二十年近く前に一大ブームを巻き起こした旧シリーズのＡＩＢＯを取り上げたい。

さて、今の謙介の発言と関連して重要なことは、初代ＡＩＢＯは爆発的な人気を得たロボットだったが、いっさい、人間の言葉を喋らなかったということだ。「ピロッポ」とか、電子音を鳴らして人間とコミュニケーションをとっていた。ＡＩＢＯが犬型ロボットだということを考えると、人間の言葉を理解しないのは妥当といえば妥当なのだが、僕には非常に洞察力に富んだ、適切な設計指針に思えた。ちなみに、僕はこの「人間の言葉を話さない」というアプローチは、現在のエンターテイメント用のコミュニケーションロボットにとっても、現実的な意味で非常に重要なことだと思っている。音声認識・合成技術、自然言語処理技術が二十年前に比べて飛躍的に進歩した現在においてもである。

僕たちはロボットが日本語や英語を話すと、その時点で、どうしても、彼らが「言葉を理解する」ことを期待してしまう。今日の話の冒頭で、話題に上げたSNSのチャットボットと同様の話だ。しかし、現状の情報技術、言語学的知識の上では、僕たちがロボットに日常のコミュニケーションで、人の自然な期待に応えられる程度の言語理解を持たせるのはきわめて困難なことなのだ。けれども、相手が言葉を話し出した瞬間に、僕たちは無意識に期待を持ち始めてしまう。そして、その期待は必ず裏切られてしまうのだ。それがユーザーに不満を感じさせる。彼らが言葉を理解するという態度をとると、僕たちとしては、自分たちの持っている言語的知識を「彼らが理解する」ことを期待して発話する。そして、裏切られるのだ。

しかし、AIBOのように言葉を話さないロボットだと、むしろ彼らの言っていることを「僕たちが理解しよう」とユーザーの態度が変容するのだ。それがむしろ前向きなインタラクションやコミュニケーションへとユーザーを誘う。

僕がそんなことを説明すると謙介は、徐々に目を見開いていった。

「じゃあ、教授は、コミュニケーションに言語は必ずしも必要ないって考えておられるんですか？」

謙介の驚いたような質問に、僕はハッキリとうなずく。

「そうだよ。コミュニケーションという言葉は広すぎるから、言語みたいな記号的コミュニケーションに絞るけど、そう絞ったとしても、言語は必ずしも必要じゃなくて、意味あるコミュニケーションのために必要なのは記号なんだ。記号の概念は言語より広いんだよ」

「……記号?」

夏子が首を傾げた。

言語は記号の一種である。「記号とは何か?」に関してはさまざまな定義があるが、大まかに言えば、情報伝達に使われたり、思考を助けたりする存在だ。記号とは「何かを表すもの」というのが簡略的な定義だ。厳密ではないかもしれないが。言語の他には、交通標識やジェスチャー、数字や表情、写真なんかも記号に含まれる。そしてこれらの中で言語はもっとも日常的に用いられ、それでいて複雑な構造を有するものだ。進化の果てに手に入れた、人類ならではの究極的な道具だと言えるだろう。

人間以外の動物でもこれらの記号の一部を用いることが知られている。動物の用いる記号に関する先駆的な研究は、ドイツの研究者ヤーコプ・フォン・ユクスキュルなどによって二十世紀初頭頃からなされており、生物記号論や動物記号論などとも呼ばれている。

「記号って何だろう? 世の中にはどんな記号があって、どんな形で使われているんだろう? って研究は『記号論』といって、主に人文社会科学の広い分野において取り組まれてきたものなんだ。いろんな研究があるから、統一的に話すのは難しいけど、コミュニケーションロボットとの記号的コミュニケーションを考える上では、最低限の記号の定義くらいは共有しておきたいかな」

そう言うと、僕は机の上に広げたメモ帳に三角形を描いた。その頂点の一つひとつに、『サイン』『対象』『解釈項』と記した。

「なんですか？　これ？」

のぞき込んだ謙介が顔を上げる。

「記号論の開祖とも言われる、チャールズ・サンダース・パースが描いた記号の三角形《セミオティック・トライアド》だよ。パースは、記号というのはこの三組がそろって、初めて記号になるって考えたんだ」

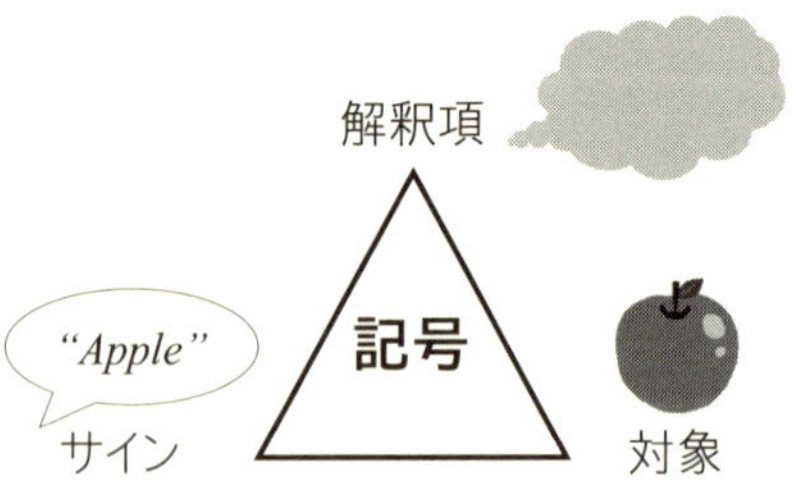

記号の三角形

『サイン』というのは、たとえば、『リンゴ』という言葉に当たる。日常の音声言語コミュニケーションなら、その音声そのものと考えていいだろう。それに対して、『対象』とはそれが指し示す物体や現象だ。リンゴを概念化したものが『対象』であると考えてもよい。そして、それら二つをつなげるのが『解釈項』なのだ。

本質的には、サインと対象の関係は恣意的なものだ。つまり、必然の関係では結ばれないのだ。リンゴを表す文字列（サイン）は「Apple」でもよいし、「林檎」でもよいのだ。リンゴの写真や、リンゴに似せた香りすら、リンゴという対象を指し示すサインになる。

この記号の三角形における『解釈項』が変化することで、同じサインであっても、その記号の意味は変幻自在に変容する。解釈項の由来にはさまざまな形がある。リンゴの写真やリンゴの香りのように、ほとんど、リンゴそのものの性質から必然的に導かれる記号もある。「Apple」や「林檎」といった文字列としての記号のように、その国や言語の文化によって慣習的に決まるものもある。さらに、さまざまな言葉の意味は、解釈者の持つ経験や、使われる文脈によっても変わっていく。

僕はパースの記号論におけるもっとも重要なポイントは、記号の意味というのは究極的には解釈者によって与えられるものであり、また、それは認知主体による世界の意味的な認識そのものだということにあると考えている。その意味を与える過程、記号が記号であるための過程を、パースは記号過程《セミオーシス》と呼んだ。

「言葉の意味は、解釈者がみずからの感覚運動的な経験や、その言葉や記号を観察した時の経験、それから理解した文化や他者の意図などから、総合的に生み出すものだと思っているんだ。だから、自律ロボットのような形で、実世界に存在する『解釈者そのもの』をモデル化して、理解していくことが重要だと思っているんだ。今はまだまだ、序の口って感じだけどね」

僕は照れ笑いを小さく浮かべる。本当に序の口だ。ディープラーニングで人工知能技術がものすごいことになっているかのように書きたてる活字メディアもあるが、僕たちが立っているのは人間の知能の迷宮のほんの入り口だ。「パターン認識ができた」「ロボットが物体概念を形成しけない。

た」「ロボットがバスケットゴールにボールをシュートできた」からといって浮かれていてはい

僕の説明を聞いて、マドカは「あっ」と何かに気づいたように、手を叩いた。

「シャノン・ウィーバーっ！　以前に教授が喋っていたシャノン・ウィーバーの話で、『意味の問題を捨て去った』って言ってた気がしますけど、それと……逆？　みたいになってます？」

「重要なところに気づいたね。そのとおりなんだよ。解釈者による能動的な解釈こそ意味の本質だと僕は考えるんだよ」

僕は、そのマドカの反応に思わず首を縦に三回振った。

——この子は、本当に勘がいい。質問魔で生意気だけど。重要なポイントはよく覚えている。まさにそう。そういうことなのだ。

シャノン・ウィーバー型のコミュニケーションモデルでは、記号の意味は取り扱わない。そして、記号の解釈が正しいかどうかは、すべて送信者側の符号化前の情報を復元できたかによって定義される。ここでは、解釈者側の能動的で自由な裁量はない。それゆえに、相手の頭の中はのぞけないのに、なぜ、僕たちはコミュニケーションができるようになるのか？　というパラドックスめいた問題を副産物として生み出してしまうのだ。

しかし、言葉の意味が解釈者の手元に渡され、僕たち一人ひとりが、他者の言葉やその他のさまざまな言葉をみずからの経験に照らして、学習し、推論し、活用していくという話であれば、そこにパラドックスは存在しない。解釈とは創造的であり、適応的である、僕たち自身の能動的活動なのだ。

意味とは、送信者が規定し伝達するものではない。意味とは、解釈者が考え生み出すものなのである。僕たちは意味を生み出す主体として、コミュニケーションにおける主権を取り戻すのだ。

記号創発システム

大人の女性のフワリとした香りが鼻腔をくすぐる。僕は目の前の少女から視線を上げる。気がつくと綾乃が立っていた。

「そして、『記号創発システム』に辿《たど》りつくわけね？　教授的には？」

マドカと謙介の間に、何かお皿を持って女主人《ミストレス》は立っていた。特にオーダーはしていない。たぶん、またサービス、もとい、授業料だろう。ありがたく頂くことにしよう。喋りすぎて糖分不足に陥っていた僕は、唾液を飲み込んだ。ちょうど三時頃。スイーツに違いない。

彼女が机の上に置いたお皿にはワッフルが並んでいた。ワッフルの上には抹茶アイスと小豆が生クリームとともにトッピングされている。ワッフルの色合いも普通とは少し違うようだ。綾乃は、僕たち四人に「サービスよ」と微笑む。

このデザートは喫茶店エトランゼのオリジナルメニューなのだ。それにしても、この話の流れで、このタイミングでこのデザートを持ってくるとは、さすが綾乃だ。これまでの話を全部聞いていたに違いない。

「これ？　なんて名前のお菓子なんですか？」

初めて見る豪華なお菓子に、夏子は目を輝かせて尋ねる。そんな夏子に、綾乃はニッコリと笑顔を浮かべながら得意げに唇を踊らせた。

「『グーフェトラージェ』。喫茶店エトランゼのオリジナルメニューよ」

「へ〜」

感心して見入る夏子と謙介に、マドカは自分のことのように「スゴイでしょ」と胸を張ってみせる。

「グーフェトラージェって、どういう意味なんですか？」

謙介が左横の綾乃の顔を見上げて問いかける。きっと、他の店でそんな名前のお菓子を見たことはないのだろう。

「ふっふっふ。オリジナルのお菓子だから、名前は私が勝手につけたの。だから、他の店で『グーフェトラージェくださいっ！』なんて言っても、絶対に何も出てこないから、要注意よ。いちおう、フランス語で異邦人《エトランゼ》のワッフル《グーフ》っていう意味。フランス人にとってみたら京都って異邦でしょ？　それでワッフルに京豆腐のお店の豆乳を使って、トッピングに京都らしく抹茶アイスと小豆を載せてみたってわけ。観光客のハートを撃ち抜くのに、照準はばっちりなのよ」

綾乃は自慢げに胸を張ってみせた。大人の女性の雰囲気が台なしのコミカルさだ。こういうと

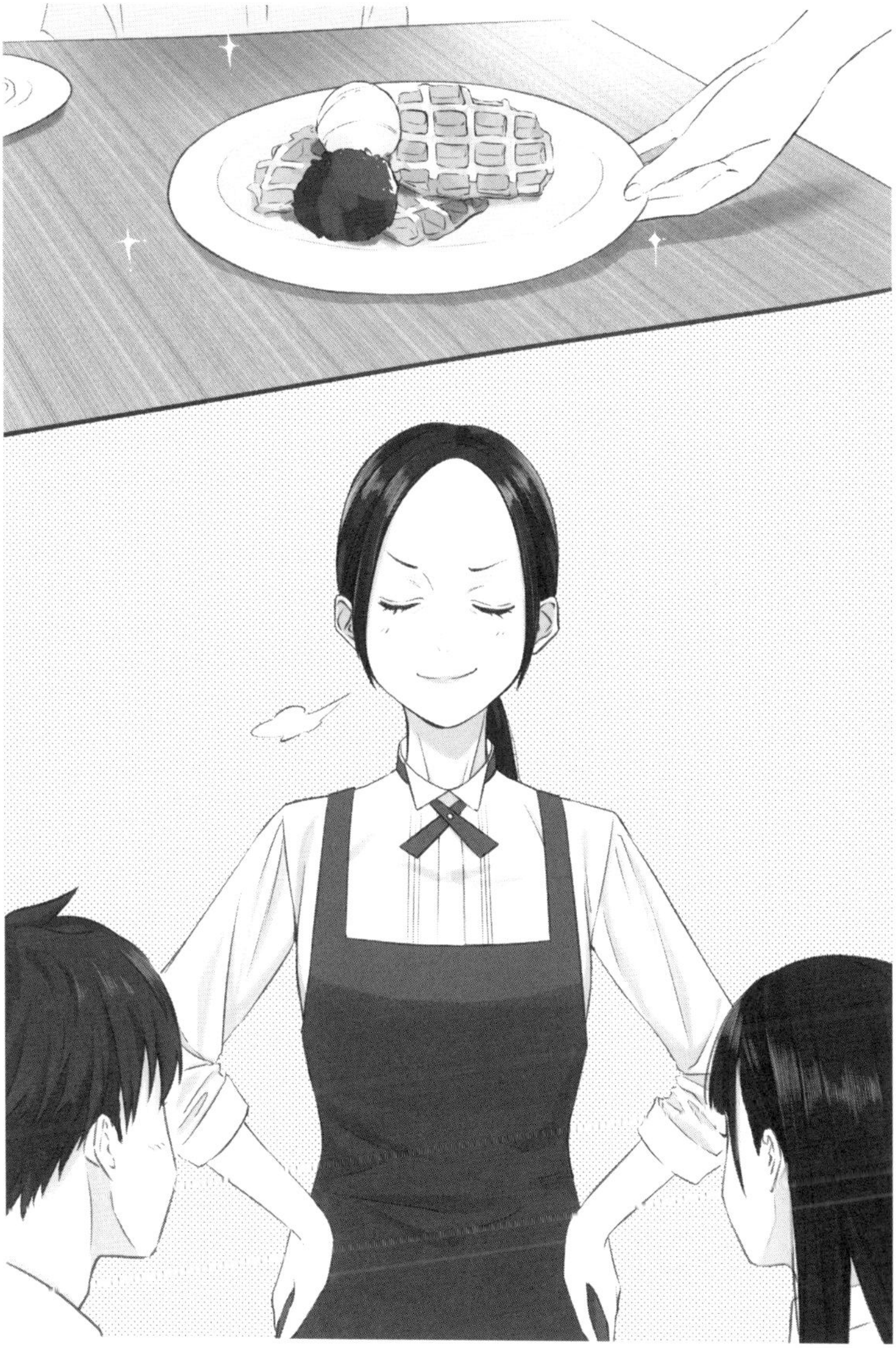

ころには、ちょっと、綾乃とマドカに血のつながりを感じる。

ただし、僕は知っている。名前が聞き慣れなさ過ぎて、売上げが思ったほど伸びておらず、綾乃自身の材料へのこだわりもあってコストはかさみ、現状では利益率が残念なことになっていることを。もはや綾乃の趣味の領域なのだ。

「いっただっきまーす!」と二人はスプーンとフォークをそれぞれ持って、そのお皿にありついた。売れ行きは芳しくないが、味は保証するよ。なかなか美味しい。

僕もさっそくフォークをつかみ、グーフェトラージェにありつこうかなとも思ったけど、この綾乃のキラーパスをちゃんと受け取って、本日の講義を美しいシュートで終えなければならない。

僕は、綾乃に目でコーヒーのお代わりをお願いすると、抹茶アイスとワッフルにありつく二人を見ながら、一人、椅子の背もたれに体重を預けた。さて、最後の一講釈で今日の授業も幕引きだ。

「さて。今日の話の締めは『記号創発システム』だ。ちょっと難しいかもしれないから、食べながら聞いてくれたらいいよ。これは、コミュニケーションするロボットを創るためだけじゃない。人間の記号、言語、コミュニケーションを理解するための包括的な枠組みなんだ。僕が今、もっとも重要な概念だって考えている考え方」

そう言って、僕はノートパソコンを開いて、『記号創発システム』の紹介をする時に使う一枚スライドを全画面化する。さすがに、この話を口頭だけでするのはしんどいし、聞く側も混乱するだろう。

「まぁ、わかる範囲でわかればいいよ。これからの話は、正直、大学生でもすぐには理解できない話だから。でも、コミュニケーションするロボットを創るってことが、哲学的にも工学的にも、ものすごく本質的で大きなチャレンジなんだってことはわかってもらえたら嬉しいかな」

そう言う僕の言葉に、謙介は「わかりました。頑張ってみます」と神妙にうなずいた。

三人はスプーンやフォークを口に運びながら、視線だけこちらに向けた。

記号創発システム。それが、僕たちのコミュニケーションを可能にしている、社会と認知の結合システムなのである。僕たちは、記号創発システムの中にいるからこそコミュニケーションができる。

「僕たちは言語を学習することができる。しかし、同時に、僕たちはさまざまな言葉や言い回しを生み出すこともできる。綾乃が新しいメニューを作って、『グーフェトラージェ』っていう名前をこの世に生み出したようにね」

僕がそう言って綾乃に目配せをすると、綾乃は自分のキラーパスが僕に届いたことに満足げな微笑みを浮かべて「では、ごゆっくり〜」とカウンターの中へと消えていった。彼女はいつも僕のよき理解者だ。

僕たちの記号的コミュニケーションにおいて「意味」はどこからやってくるのか。記号の意味は辞書に書かれるように記号間の関係性から定められると同時に、やはり、実世界情報との関係によって成立する。そもそも、動物の記号から、人間の記号への進化を眺めても、やはり、それが環境適応という自然淘汰の上に成り立っているのは、疑うべくもないだろう。僕たちはコミュニケーションを通じて、複数の人間の間での協調行動を成立させることができるようになり、獰《どう》猛《もう》な獣たちに比べたら脆弱な身体しか持たないのに、あらゆる動物種を支配するかのごとき地位を獲得するに至ったのだ。記号はその意味で、僕たちの実世界認知にその基礎を持つと考えるべきだ。

実世界認知に基づき、記号の意味がある程度は担保される。実世界認知にその基礎を得た記号の意味は、僕たちが環境との身体的相互作用の中で培っていく概念によって支えられるだろう。先に動画で三人に見せたマルチモーダル概念形成でロボットが示したような現象がその一部だ。

僕たちは他者から教えられなくても、ある程度の概念形成をみずからの認知システムに基づいて行うことができる。しかし、それと「他者とその認識に基づいたコミュニケーションができるか？」という問題、たとえば「ペットボトルを取ってほしい」ということが他者に伝えられるかどうかは別問題なのだ。僕たちはいくら物体に関する概念を持っていても、知らない国に行って、知らない言葉を喋る人に、みずからの意図を言語的に伝えることはできない。脳内に概念を形成しているという話と、社会で用いられる記号システムを使えるということは別問題なのだ。

たとえば、綾乃は「グーフェトラージェ」というメニューを開発した。彼女はみずからの作ったお菓子の概念に「グーフェトラージェ」という名前をつけた。しかし、この名前を彼女が一方的に使っても、それはお客さんには通じない。お客さんが「グーフェトラージェ」という名前が、抹茶アイスの載ったワッフルであることを学習して、理解して、その利用に合意しない限りは、「グーフェトラージェ」という文字列は記号を形成するサインにさえならないのだ。記号の意味が社会の中で根づくには、個人による言葉の意味や概念の学習であったり、社会の中でどういうものをどういう言葉で表現するかという記号システムの調節や人々の間での交渉であったりといった過程の存在を無視できない。

今、まさに「グーフェトラージェ」という新しい言葉に対応する概念が、夏子や謙介の頭の中では形成されているのだろう。視覚や味覚を統合し、また、この喫茶店エトランゼや綾乃の存在を文脈として。

人間社会における日々の活動の中で、さまざまな言葉が生まれ、消えていく。そのような交渉と淘汰の中で、コミュニティや社会が保持する記号システムはどんどん変化しながらも組織化されていく。この記号システムは、語彙知識のみを有しているのではなく、文法や言語行為にかかわる知識をも含む。そして、僕たちは、その記号システムに暗黙のうちに定められたルールに従う限りにおいて、自分たちの意図を他者に伝えることができるのだ。

僕たちは言葉、記号を使ってコミュニケーションすることができる。それは、僕たちの認知システムによる学習に基づいているし、主体的な解釈に基づいている動的で適応的な過程だ。それと同時に、社会における記号システムもどんどん変わっていく。僕たちが記号システムを作り、

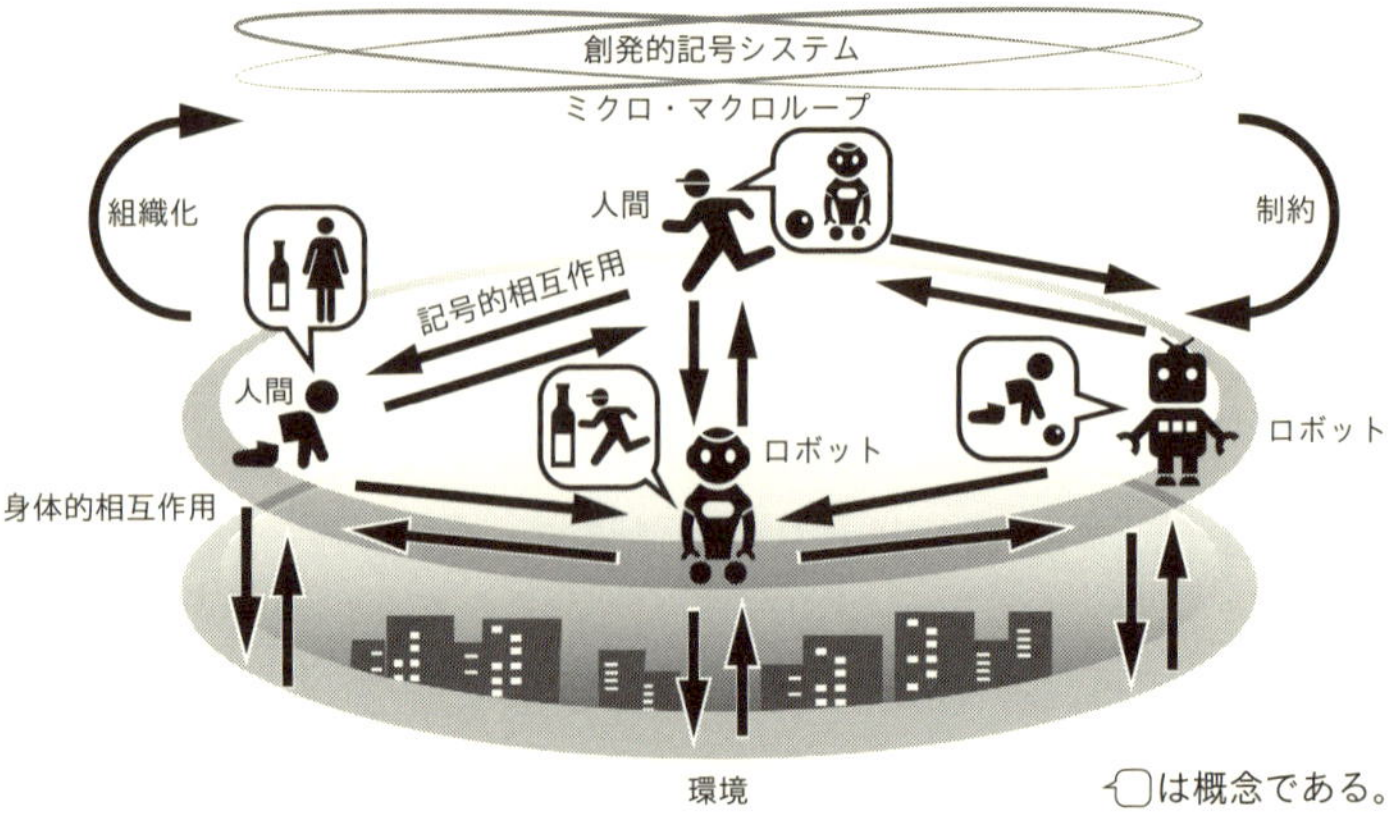

記号創発システム

僕たちが記号システムに従わされる。

下位層の構成要素の活動や相互作用を通して、上位層にボトムアップに秩序が形成される。僕たちの社会の上位層にでき上がる秩序が創発的記号システム《エマージェント・シンボルシステム》だ。また、この秩序が下位層にトップダウンに制約を与えることでコミュニケーションという機能を生み出す。

このように下位層の相互作用がボトムアップに上位層に秩序を組織化し、その上位層の秩序が下位層の相互作用に制約を与える。これをミクロ・マクロループと呼ぶ。ミクロ・マクロループを通して、全体で機能が生み出される特性を、創発特性《エマージェント・プロパティ》と呼ぶ。そして、創発特性を持つシステムは創発システムとも呼ばれる。

僕たちの記号的コミュニケーションは、ただ、決まったルールに従った言語理解や記号理解をするのではない。ただ、決まった符号器と復号器で表現と解釈を繰り返すのではない。常に動的に変わり続ける創発システム、記号的コミュニケーションを支える創発システム、つまり、「記号創発システム」の中で作動するものとして位置づけられ、理解されるのだ。

　これが、僕が信じる人間の記号的コミュニケーションを説明する上で必要な最低限の構成である。少なくとも、記号創発システムという全体像を把握しないと、人間のコミュニケーションの議論に意味の議論を含めることはできない。認知を含まない文字列だけのやり取りや、単語の相互関係による単語の意味づけだけをやっていたのでは、記号接地問題と同じくメリーゴーランドに揺られるだけになってしまう。認知のみを考えて、物体概念の獲得で十分としていたのでは、自然な言語コミュニケーションの持つ、社会的な側面を把握することができない。

　僕たちの挑戦は、情報学の巨人クロード・シャノンが捨てた記号の意味を拾い直すことにこそあるのだ。

　コミュニケーションするロボットを創ろうとする時、音声認識や音声合成ができるだけでは不十分だ。上手い言葉を返せるロボットを作るだけでも不十分だ。自分で概念が獲得できるロボットを作るだけでも不十分だ。僕たちは記号創発システムの全容を理解し、その記号創発システムに適応し続けられるロボットを創る必要があるのだ。

「――とまぁ、そういうことなんだけどね……って、聞いてた？」

　ひとしきり喋り終えた後に、僕が見つけたのは、口の周りに生クリームをつけながら、頭の上には疑問符記号《クエスチョンマーク》を浮かべた高校生三人の姿だった。

――やっぱり、こういう抽象的な話はわかりにくいよね。うん。知ってた。

「教授の『記号創発システム』に関する熱意は伝わってきましたっ！」

顔だけ真面目にして、マドカがビシッと敬礼をする。

――いや、まぁ、わかってほしいのは熱意じゃないんだけどね。まぁ、とはいえ、熱意だけでも伝わったらよしとするか。

目を動かすと、主役の謙介も、少し悩ましげだった。そして、カウンターに目をやると綾乃が肩をすぼめていた。彼女にだって「記号創発システム」の考え方を理解してもらうのに相当長い時間を要したのだ。高校生たちに十五分程度話して理解してもらおうと考える方が無理な相談なのかもしれない。だから、雰囲気だけでも理解してもらえたらそれで満足しよう。

「さて、さすがに、今日の講義はこれでおしまいだな。いいよね？」

僕が、三人に解放の許可を求めると、三人は神妙な顔で、少し申し訳なさそうにうなずいた。

「ありがとうございました」と。その申し訳なさそうな表情はきっと、三人が僕の執筆時間を奪ってしまったことに対するお詫びと感謝を表すサインなのだろう。

――うむ。三人とも、それなりに、僕に感謝してくれているようではないか。僕の時間をいっぱい取って申し訳なかったっていう気持ちくらいは持ってくれているみたいじゃないか。

今どきの若者のきちんとした礼儀に感心しつつ、僕は机の上に視線を落とした。

そして、その時に、僕は彼らの「申し訳なさそうな表情」というサインの解釈を間違っていたことに気づいた。彼らの申し訳なさの対象は、もっとシンプルなものだったのだ。お皿の上の「グーフェトラージェ」は、僕が食べる分を残すことなく、跡形もなく消え去っていたのだ。

「うおぉ！　僕、一口も食べてないのにぃっ！」

「えへっ、ごめんね、教授っ！　だって教授、ずっと話してるんだもん。アイスも溶けちゃうしね〜」

三人を代表して、マドカがぺろりと舌を出してみせた。舌の先が抹茶色。

僕が情けない顔でカウンターを見やると、子どものわがままを宥《なだ》める母親のような表情を浮かべる綾乃と目が合った。「はいはい。もう一皿サービスしますよ」と、綾乃は笑顔を浮かべた。

「仕方ないわね」と。

――なんだか、僕がわがまま言っている子みたいになってるけど、違うよね？

釈然としないものを感じながらも、僕はコーヒーカップを手にとって、振り返り、窓の外を眺めるのだった。夏の日差しが喫茶店の前の道をジリジリと焼いていた。

視線を戻すと、三人が、今日の話を元にしながら、夏休みのレポートをまとめるために追加の調査をどうするかとか、どうやって書いていくかなどの議論を開始している。そんな三人の姿を、眩《まぶ》しそうに見て、「まぁいいか」と、僕は目を細めるのだ。

高校生たちの夏休みは、これからが本番だ。

おすすめ本（第4～5章）

『記号論への招待』池上嘉彦
岩波書店
記号とは何だろうか？　その意味とは何だろうか？　人間とロボットのコミュニケーションを考える場合においても重要なこの問いは，人文社会科学を含む学術活動の中で記号論として議論されてきた。ところがそれは理系の人々にはあまり知られていない。本書はその分かりやすい入門書だ。

『記号創発ロボティクス』谷口忠大
講談社
記号創発ロボティクスとは記号創発システムへの構成論的アプローチである。昨今では汎用人工知能と呼ばれるような知能の構成を，環境との相互作用を通したロボットの学習により実現しようという挑戦。本書で紹介したマルチモーダル概念学習なども詳しく解説されている。

『発達ロボティクスハンドブック』A．カンジェロシ，M．シュレシンジャー（岡田浩之・谷口忠大監訳）福村出版
ロボットや人工知能の研究とは，便利な道具をつくるためだけのものではない。ロボットは人間のモデルだ。人間のモデルを作ることが人間の理解につながるならば，ロボット研究は人間を理解するためのものでもある。特に幼児の発達に着目した発達ロボティクスという学問の全体像を説明した初めての本。

『コミュニケーションするロボットは創れるか』谷口忠大
NTT 出版
ロボットがコミュニケーションを通して意味を理解するとはどういう事態であるのか。そのためには何が必要であるのか。そういう哲学的な問いに答えられなければ人間とロボットの未来はない。そのために議論は記号創発システム論の提案へと向かう。本書筆者の処女作。

第6章

言葉がなくてもつながれますか？

停電したから太陽光発電で自立します

——失敗した、失敗した、失敗した、失敗した！

僕は開いたノートパソコンの前で頭を抱えた。八月の終わり。時計の針は午後三時を過ぎていた。外は三時過ぎとは思えないくらいに暗く、空気は淀《よど》んでいる。恐ろしいほど不穏な色彩、凶暴なまでの暴風、壁に打ち付ける雨音は、加速度的にその周波数を高めていた。大型台風である。

スマートフォンの画面を見ると、天気予報アプリが京都市一帯に暴風警報が発令されたことを通知していた。地域によっては避難勧告が出始めている。

「綾乃っ！　なんで言ってくれなかったんだよっ？」

僕がカウンターの中の女主人《ミストレス》に恨めしそうな声を上げると、彼女は「知りませんよ」と呆れ顔で返してきた。

「私、何度か『帰らなくていいんですか？』って声をかけたんですよ？　それなのに、ヘッドホンで両耳塞いで、ものすごくノリノリで執筆されているから、邪魔しても悪いかなぁと思って。それで、それ以上は言わなかったんですよ。第一、今日、昼から台風が来ることくらい、誰でも、当然知っていることじゃないですか？」

綾乃がため息をつきながら言うと、カウンターのハイチェアに座った女子高生が振り返り「そうだぞー！」と便乗した。

「ていうか、マドカちゃんは帰らなくていいのかい？」

「私はいいの。いざとなったら、綾乃さんのお家にお泊りさせてもらえるから。ねーっ！」

マドカが綾乃の方を振り返って首を傾けると、綾乃も「ねーっ」と微笑み返す。二人して僕を仲間外れにしようとしているのか。

――ううむ。しかし、まぁ、今日はマドカや、その友人にも邪魔されることなく、執筆もノリにノッていたので、少しくらいの犠牲は構わないと言えば構わないのだが。それでも、本当に夜まで雨のやむタイミングもなく、帰れないとなると、ちょっと厳しいかもしれないなぁ。

カウンターの横に備えつけられた液晶テレビからは、各地の現在の状況が繰り返し放送されていた。史上まれに見る暴風で、かなり危険な台風らしい。看板が飛ばされる様子や、驚くほど高い高潮の映像が流れている。この中を外出するのは危険だ。

「はぁ。夕方くらいに一瞬でも台風の目に入って、帰れるタイミングとか出てこないかなぁ……」

絶望感とともに、僕はソファ席の上に倒れ込んだ。気づけば、もう、三人以外に人影はない。他のお客さんは全員帰っていったようだ。

「もう、お店は閉店しますから、もし、帰れなかったらそのソファで一晩過ごしてもらっても怒ったりしませんよ」

そう言って綾乃はホホホと笑う。まるで物語に出てくる意地悪なお嬢様だ。ご厚意に感謝してよいのか、おもしろがられていることに対して怒ってよいのか、よくわからない。

「でも、閉じ込められたのがエトランゼで不幸中の幸いだよね〜。ここなら、まだ食べ物だってあるし、クーラーも効いているし、コーヒーも紅茶も飲めるし、快適快適っ！」

慰めているのだろうか。マドカは、紅茶のティーカップ片手に楽しそうに笑った。もしかすると、台風という非常事態を楽しんでいるだけなのかもしれない。

その時だった。突然、喫茶店のなか全体が暗転した。天井の蛍光灯は光を失い、カウンター横のテレビは消えて、回っていたシーリングファンは緩やかに停止した。

——停電？

僕たちは思わず目を合わせる。停電なんていつぶりだろうか。最近は大きな地震がいくつかあったが、その時でも停電はしなかった。

「ブレーカーが落ちたのかしら？」

綾乃がカウンターの奥に入っていく。しばらくすると出てきて首を左右に振った。室内は暗いが、窓ガラスから外の光が少しは差し込んで、お互いの顔を視認して、部屋の中を自由に動き回れるくらいの明るさはある。まだ昼の三時だ。曇っていても太陽の光は少しある。

窓ガラスの外を見る。前の家、斜向かいの家、少し先の集合住宅。どの部屋の窓ガラスからも、光が漏れていないことに僕は気づいた。この地域一帯が停電しているということだろう。

「停電だね。周りの家も、電気がついてないよ。エトランゼだけじゃないみたいだ」

「そう――」

停電は少し待っても終わらず、電気は戻ってこなかった。

しばらく経ってから、綾乃が「あっ」と何かを思い出したように両手を打った。僕は「なんだろう?」と彼女を見るが、その視線を背に、綾乃はもう一度、カウンター奥へと姿を消した。

次の瞬間、パチパチ、パチ、と喫茶店エトランゼの天井のライトが点灯し始める。もう復旧したのだろうかと、窓ガラス越しに周囲の家に電気がついているかを見回したが、他の家には電気は戻っていないようだった。どうやら、エトランゼだけに電気が灯ったようだ。どうしてだろう。そういう異変にも気づかずに、カウンターではマドカが「やったぁ、やったぁ、復活~」と喜んでいる。

奥に姿を消していた綾乃が、また、カウンターへと姿を見せた。

「何やったの、綾乃? 近隣では停電終わってないみたいだけど?」

僕の質問に、綾乃は得意げに「太陽光発電よ」と笑みを浮かべて答えた。

――おお、自立運転モードか!

喫茶店エトランゼの屋根の上には、屋根いっぱいに、かなり大きな太陽光発電パネルが備えられているのだ。

現行（二〇一八年現在）の日本の制度では、太陽光発電システムで発電した電力は、地域の電力会社の送電網に送られ、地域の電力会社に固定価格で買い取られることになる。これを系統連系と呼ぶ。売電の価格は、食料品や日用品の価格などと異なり、法律などで厳しく定められており、時間帯によらず、電力会社は固定価格で買い取らねばならない。ちなみに、この価格は電力会社が一般世帯に販売する電力の価格よりも高く設定されている。

しかし、停電が生じた場合には、系統連系を切り、太陽光発電システムを自立運転モードに切り替えることで、太陽光発電の電力だけで、自分の家の電力を賄《まかな》うようにモードを切り替えることができるのだ。いわば、電気の自給自足モードだ。今、奥に引っ込んでいる間に、綾乃がやってきたのは、その操作だったのだろう。

「え？　すごい。じゃあ、今、このお店、太陽光発電の電力だけで動いているってこと？」

「そうよ」

その返事にマドカは「おおおおお～」とテンションを高める。綾乃は「どんなもんだい」とばかりに親指を立てて見せた。

しかし、曇りの日の太陽光発電は、発電量もたかが知れている。冷蔵庫と部屋の明かりくらいが限界ではないだろうか。本当ならクーラーだってつけたいし、コーヒーメーカーも動かしたいだろうが、綾乃がそれらを切っているのを見ると、発電量は、急場しのぎの限られた量であるのだろう。

「でも、マドカちゃん。うちはシンプルに太陽光発電パネルを屋根の上に載せているだけだから、太陽が照らなくなってしまったらアウトよ。その時は、我慢してね」

「あ……はい。じゃあ、日が沈むとアウトですねぇ。それまでに、復旧するといいですね」

復旧するのかなぁ、と僕はスマートフォンで、天気予報サイトや、SNSを開いて情報を漁《あさ》る。どうやら、面倒なことになってきているようだ。この停電は発電量の問題ではなくて、送電網のさまざまな場所、つまり、電線や電柱が物理的にやられたことで起きているようだ。台風の中、そんなものを直すのは容易ではない。作業員の安全だって確保できない。停電は少し長くなるだろう。

「そうねぇ。もし、うちに大きな蓄電池でもあれば、昼に発電した電気を貯めておいて、夜に使うってことなんかもできるんだけどね」

綾乃が「ねぇ？」と意味深な笑顔で僕に同意を求める。「そうだね」と僕も返す。

電力網の知能化。それが、僕にとって重要なテーマだった時期があった。一定の成果を出し終えたために、最近は取り組んでいないが関心は持ち続けている。

そんな僕と綾乃のやり取りに何か気づいたのか、マドカが割って入ってくる。

「え？　なになに？　お二人さん、意味深な目配せなんかしちゃって？　太陽光発電と蓄電池が何か、教授の研究と関係あるの？　教授って人間と機械とか、人間と人間のコミュニケーションの研究者なんだから、太陽光発電とか……関係ないよね？　それとも何かプライベート？」

マドカが、二人の過去に何かあったのだろうか？　とばかりに好奇心で目を輝かせている。申し訳ない。二人のプライベートには何もない。まぁ、大学時代からの付き合いだから腐れ縁ではあるけどね。

「まさか、太陽光発電とコミュニケーションが関係するとか、そんな展開だとか？」

マドカが「まさかね〜」とカウンターに頬杖をつく。僕が言わなくても、その発言への返答は綾乃の唇からこぼれ落ちた。

「マドカちゃん。その、まさかなのよ」

「えっ？」

太陽光発電をはじめとした再生可能エネルギー由来の発電源や蓄電池を知的につなぎ合わせ、コミュニケーションさせることで、未来の電力網を作る。それが、自律分散型スマートグリッドだ。

自律分散型スマートグリッド

「『地産地消型の自律分散型スマートグリッド』？　なんですか、それ？」

僕が机の上でメモ用紙に書いて示したキーワードにマドカが首を傾げる。

「簡単に言えば、太陽光発電や風力発電なんかの再生可能エネルギーで作られた地域の電力を、地域内で融通しあって、地域が電力的に自立してしまおうって考え方さ。それを自動的に、効率的にやるために、人工知能を使った最適化をやるんだ。しかも、その最適化は、電力会社がやるんじゃなくて、そのネットワークに参加する各世帯がやる。だから『自律分散型』ってわけ」

そして、また、その研究は僕にとってコミュニケーションに関する問いかけの一つに答えるものでもあった。それはお金を媒介としたコミュニケーションだ。市場メカニズムと言ってもよい。

理論的な研究はずいぶんと進んだものの、電力網はきわめて重要なインフラであり、一朝一夕に変わるものではない。なので、現状、僕たちの提案がどこかで採用されているわけではないが、その未来絵図と、手法、道具としての意義はまだ色褪せていないと思う。

僕たちの研究の焦点は、いかにして再生可能エネルギーを基盤とした電力網を作り、持続可能な社会をつくるかという点にあった。現在の日本では、国民が消費する電力の多くを中東からの化石燃料の輸入に依存した火力発電と、さまざまな社会問題を抱える原子力発電に依存している。

国内でも得られる太陽光発電や風力発電、水力発電といった再生可能エネルギーの活用は、僕たちの国が持続可能な存続を続けていく上で、当然のごとく重要な選択肢なのである。

「太陽光発電とか風力発電の推進はどんどんするべきだって話はよく聞くんですけど、それが、『自律分散型』だとか『スマートグリッド』だとかとどう関係するんですか?」

マドカは純粋に「わからない」とでも言いたげに人差し指を額に当てる。

「それは、再生可能エネルギーの特性と関係しているんだ。あんまり、ニュースや新聞じゃ説明しないようなことだけどね。電力供給において、これまで中心的な役割を担ってきた火力発電や原子力発電と、太陽光発電や風力発電といった再生可能エネルギーによる発電の違いってなんだと思う？」

「え？　なんでしょう？　エコ？　……わからないです」

「まぁ、急な質問だしね。いろいろあるんだけど、ここでは大きく分けて二つ指摘するね。それは、発電したい時にいつでも発電できるわけではないということと、消費地のすぐそばで発電できるということだ」

電力というものは基本的に瞬間的に発生するものなので、起電力が生じた時に、そのタイミングで使わないといけない。蓄電池やコンデンサがあれば一時的な保存ができるが、それらがなければ保存はきかない。できれば使う時に発電したいし、発電した時に使いたい。電力に関しては、需要と供給を各時刻でバランスさせることが非常に重要なのである。現在は、地域独占の大手電力会社がこの需給バランスの調整を一手に引き受けている。

ところが、太陽光発電では太陽が照った時には発電するが、曇ると発電量はガクンと減る。夜にはゼロだ。風力発電は風が吹けば発電するが、風が止まれば発電しない。要は発電量がお天道の風の吹くまま、気の向くままなのである。

再生可能エネルギーの普及が進み、太陽光発電システムが各世帯に備えつけられた状況を考えてみよう。その時は各世帯が発電主体となる。各世帯が電力会社になれるようなものなのである。

しかし、そこに参加する各世帯の発電は不安定で不確実。じゃあ、そんな不安定な発電源を持った世帯がたくさん集まることで、なんとか全体として上手く作動し、電力の需要と供給を一致させていくようなシステムが作れないだろうか。それが、自律分散型スマートグリッドの発想の始まりなのだ。

自律分散型スマートグリッドでは、全員が生産者（発電者）であり消費者になるのだ。こういう生産者《プロデューサー》でもあり、消費者《コンシューマー》でもある存在のことを生産消費者《プロシューマー》という。現在の電力網では、基本的に、消費者は一方的に消費者であり、電力会社は基本的には地域ごとに一社であり、一方的に生産者であるという考え方が基礎にある。生産消費者《プロシューマー》により成立する電力網は、現在の日本の電力網とはずいぶんと異なるものになるだろう。

「なんとなくわかってきましたけど、そんな形で太陽光発電や風力発電を持っている世帯をつないだとして……、人工知能は何をやるんですか？」

「需要と供給を自律分散的に適合させるためには、世帯ごとに上手く蓄電池を使ったり、電力が余っている世帯から電力が足りない世帯に適宜電気を送ったりしないといけないんだ。だから、その人工知能がやるべきことは、主には蓄電計画の最適化と地域での電力自動売買だね」

先に述べたように、電力は時間帯ごとに需要と供給を一致させることが必要である。特別な装置がなければ、午前十一時の発電量を取っておいて、午後二時の「電気を使いたい」という要求に応じることはできない。電力は生産された瞬間に消費されなければならないのである。しかし、蓄電池があれば、午前十一時の発電を午後二時の消費にあてがうために取っておくことができる。これが、蓄電計画の最適化による時刻間の差異への対応である。特に太陽光発電で夜の電力消費を賄おうとすれば、それは必須である。

次に、世帯間の差異だ。たとえば、一般の家庭では、午前六時から七時頃、家族のみんなが起き出した頃にまず大きな電力消費が生じる。しかし、それぞれが出かけるとそれから昼過ぎまでの電力消費は少ない。子どもが学校から帰ってくるとそこから電力消費が立ち上がり始める。そして、その後、午後六時頃から電力消費はぐんぐんと伸びて、だいたい夜中の零時頃まで消費が続く。これが、どこまで続くかは住人の夜更かしの傾向に依存する。しかし、一般的にはこのようなパターンが多い。このパターンでみると、正午あたりの電力消費量は少ないのである。ちなみに、太陽光発電の発電量は正午あたりが一番大きい。これは、ものすごいミスマッチなのだ。一方で、オフィスや、学校、店舗、工場といったところは、昼の間に活発に動き、電力を消費するので、この時間帯の電力消費が大きい。家庭で余っている電力を適切に、これらの場所での消費に回せれば、街全体としては効率的なエネルギー消費を行うことができるのだ。しかし、ここで問題が生じる。そもそも、各家庭の太陽光発電システムは各家庭で購入したものである。ゆえに、そこから発電された電力は当然、各家庭の所有物である。それならば、工場や店舗の電力が足りなくなったからといって、その電力消費量を補うために各家庭の所有物を勝手に持っていくことはできない。そこで、きちんと対価を授受することで、その地域において電力売買させようという考え方が生まれる。それを自動化するのが電力自動売買だ。

そんな僕の説明を聞いていたマドカがふと首を傾げる。

「でも、『誰が誰にいつどれだけ売るか？』とかって、そんな簡単に決められるものなんですか？　なんだかメッチャ相談しないといけなさそうなんですけど？」

「そうなんだよね。だから、ある意味でのコミュニケーションが、ネットワークに参加する世帯間で必要なんだよ。何千、何万世帯とある、地域の生産消費者《プロシューマー》にどのように相談させて、どのように『いつ、どこからどこに、どれだけの電力を送るか』を決めさせるかというコミュニケーションの問題が、自律分散型スマートグリッドの主たる問題の一つとなるんだ」

このような問題に対して、一家に一台、人工知能を搭載した電力ルータを置くことで、仮想的な地域の電力市場に参加させて、交渉させることで、自動的に最適な電力融通を実現しようというのが、地域電力市場を通した自動化ダブルオークションによる電力融通というアプローチだった。

市場とコミュニケーション

「つまり、一家に一台、太陽光発電システムと蓄電池と人工知能を置いて、自動的に売買させることで電力のやり取りをさせる――ということですね」

一連の話を聞き終えたマドカが簡潔にまとめて、僕は「そのとおり」とうなずく。基本は太陽光発電システムと蓄電池のセットを各世帯が持ち、その世帯の間で電力の相互融通をするのだ。問題は「どうやってどの世帯がどの世帯にいつどれだけの電力を送るか」を決める方法なのだ。

「そこで、市場《しじょう》の考え方が重要になるんだ」

「市場ですか？」

「そう、市場。英語だとマーケットだね。いろんなやり方はありえるんだけど、ここでは線形関数提出型ダブルオークションっていうアイデアを紹介するよ」

僕がそう言うと、マドカは首を傾げた。天井の蛍光灯がチカリと点滅する。蓄電池による補助もない中で、曇りの日の太陽光発電はさすがに心もとない。

各世帯の人工知能は、各世帯の住人がどの時間帯にどのくらい電気を使えたらどのくらいよいかというような、要求を住人から受け取る。また、人工知能は過去の実績や天気予報などから、その日の各時刻での発電量をある程度予測できるとする。

この地域電力市場では各時間帯での電力価格は徹底的に変動価格である。しかも、その価格は事後的に決まる。これは、固定価格に慣れた現代の電力網とはずいぶんと違う。電力の価格は、ある意味でみんなの相談で決まるのだ。その相談のためのコミュニケーションの仕組みが、市場におけるダブルオークションというメカニズムなのである。

ダブルオークションというのは、株式取引などであるような取引のやりかたで「価格がいくらだったらどれだけ買う」という条件を証券取引市場などに提出し、売り手と買い手の条件が合え

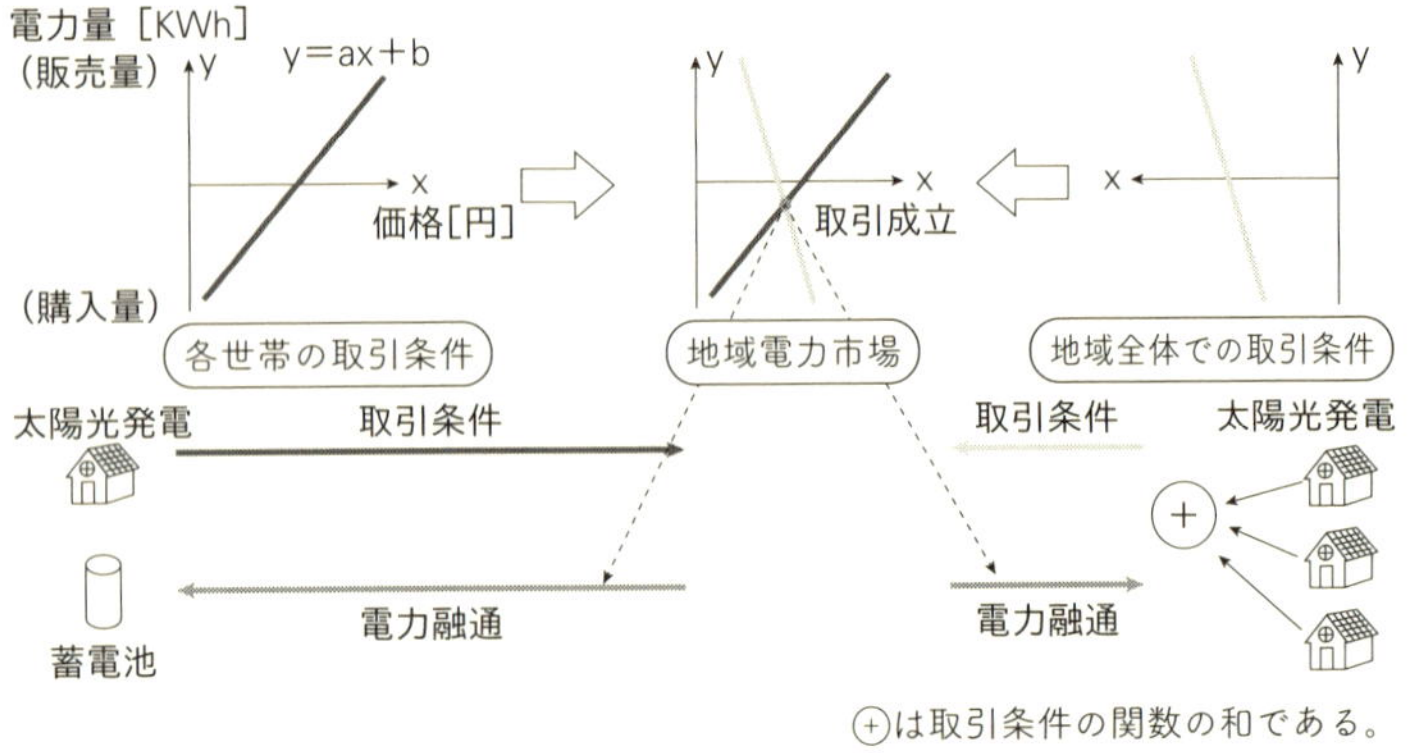

線形関数提出型ダブルオークション

ば決済が行われるというものだ。たとえば、「五百円で十株売りたい」という人と「五百円で十株買いたい」という人が同時に存在すれば、これで取引が成立する。

線形関数提出型ダブルオークションというのは、こういうダブルオークションの取引条件の提出を、線形関数で連続的に行うというものだ。[8] つまり、「価格が x 円だったら、電力を $y=ax+b$ KWhだけ売る」といったようにだ。電力が負の値になった場合はマイナスの量を売るのだから、買うことを意味する。だいたい、価格が高ければ多くの電力を売りたいし、価格が安ければ買いたくなるので、一次関数の係数 a は正と考えてよい。

線形関数提出型ダブルオークションの特徴の一つは「必ず売買のマッチングが取れる」ことにある。普通のダブルオークションだと「五百円で十株買いたい」という人がいても、売りたい人が「四百円で八株買いたい」という人しかいなければマッチングが取れない。しかし、線形関数提出型ダブルオークションでは、線形関数の傾きに応じて、少しずつ、価格と量の条件を買えていくことができる。結局どこかで価格が一致し、お互いの条件を満たす形で取引を行うことができるのだ。そして、もっとも重要な特徴は、いくつかの条件を満たせば、この方法を繰り返すことで、地域の電力融通が、個別世帯だけではなく、その地域全体としての最適解へと導かれることだ。

イメージ図を示しながら説明していた僕を見てマドカが口を開く。

「『全体として最適解へ導かれる』ってどういうことですか?」

そう言ってマドカは首を傾げた。

「オッケー。説明しよう。この説明のためには最適化数学の視点が必要になるんだ」

「最適化数学——ですか? 難しそう」

マドカが眉をひそめる。僕は頭をかく。

「そんなに難しくないんだけどね。マドカちゃんは電力融通の目的って何だと思う?」

「えっと、発電した電力をどれだけ無駄なく使えるかってことでしょうか?」

マドカは人差し指を頬に添えて答える。

「そのとおり。蓄電池も地域の電力融通も魔法じゃないからね。電力の総量を増やせるわけでもないし、無限に電気をロスなく蓄電できるわけでもない。だから、どれだけ上手く融通をしても、それで達成できる地域の電力利用効率には限界があるんだよ。その限界まで高めた電力利用効率を達成する電力融通の仕方のことを『最適解』と呼ぶんだ。神様みたいにすべてを知っていると仮定して、もっとも上手く電力融通するのが最適解なのさ」

「なるほど。なんとなくわかります」

難しそうに眉を寄せながらマドカがうなずく。

「あくまで理論的な結果なんだけど、線形関数提出型ダブルオークションは、その最適解と同じレベルでよい電力融通を達成できるんだよ。各世帯の人工知能が『できるだけ自分が得する電力融通をしたい！』ってそれぞれに頑張って売買すれば、全体として最適な配分が実現するんだよ」

「え？　なんだか、直感的によくわからないんですけど？　なんで、各世帯の人工知能が『自分が得をするように』電力売買した結果、全体が上手く行くんですか？　みんなが自分勝手に、お金儲けばっかり考えて、自分のことしか考えなかったら、全体がまずい方向に行くような気がするんですけど？」

「マドカちゃんは『神の見えざる手』って知っているかな？」

マドカは頭の中を探索するように首を傾げた。

アダム・スミスが使った『見えざる手』を起源とする『神の見えざる手』という言葉は、現在では、価格メカニズムの働きにより、需要と供給が自然に調節されるという市場の効率性を指す言葉として認識されている。個人が利益を追求することは、自分勝手でよくないことのように思われがちだが、きちんとした価格メカニズムがあれば、むしろ結果として全体の利益を達成する自律分散的な最適化エンジンになるのだ。

経済学では市場の効率性は有名な話である。需要と供給のバランスで価格が変わっていく市場は、その価格を通して情報処理を行っている。ここで話した線形関数提出型ダブルオークションは、その一例に過ぎない。その市場を介した情報処理は、個々の参加者の持つ電力消費に対する希望を、ボトムアップに形成される価格という情報に写し出す。そして、価格は他の参加者の意思決定、すなわち、消費行動や取引行動に影響を与えるのだ。つまり、自由市場というメディアにより個々の参加者の欲求が、全体として価格情報にまとめ上げられて個々の参加者に伝わることで、個々の参加者の行動が調整されるのである。

地域で発電された電力を各時刻、各世帯に最適に配分するためには、「全員の希望をきちんと聞いて、誰かがよく考えて電力を配分しないといけないのではないか？」と普通は考えるだろう。この時、『きちんと聞く』ために使うのが言語である必要はない。むしろ、『お金』を使うのが効果的なのだ。自由市場というメディアを介して、「自分たちがどれだけその財を大切に思っているか？　どれだけ欲しいか？」という情報を価格にのせてやり取りすることで、実は、言葉をまったく使わずに、また、中央で資源分配の意思決定を行う人すら必要とせずに、財の効率的な資源配分を実現することができるのである。価格メカニズムは、非常に優れた情報集約能力を持っているのだ。

「――ということなんだけど、……わかるかな？」

「なるほど。ちょっと、難しいですが、そういう視点で考えたら『お金』もコミュニケーションのためのものって考えられるんですね」

「そのとおり。そういう意味では、ここでの上手いコミュニケーションっていうのは、いかによい電力融通を実現できるかってこととつながるんだ。ここでコミュニケーションと最適化数学がつながるんだよ」

実は、自律分散型スマートグリッドにおいて、各世帯の人工知能が自分の利益ばかり求めることで、全体として最適解に向かうという現象は、数学で明確に証明できる。

簡単に説明しよう。まず、説明のために、中央の計画局に情報を集めて最適化する場合を考える。この時、全体として最適化するという問題に取り組む上では、各世帯が「どの時間帯にどのくらい電力を使いたいか」「どのくらい発電できそうか」「どのくらいの蓄電池を持っているか」などといったすべての情報を中央の計画局に送信し、その計画局で最適な計画を計算することを考えることになる。もし、中央の計画局に各自の欲求や、状況や条件が虚偽なくきちんと伝えられ、中央の計画局に無限の計算資源があれば、この計画問題は最適化問題として計算機を使うことで解くことができる。しかし、これらの前提は通常満たされない。

各参加者は通常、自分がメリットを得るために虚偽情報を申告しがちだし、全体の最適化問題を解く問題の複雑性は参加者数の増大とともに爆発的に増大する。また、こういうやり取りを申請書や理由書などといった言語的なメディアでやっていると、それにかかる書類作業のコストも膨大である。こういう調整に、言語的なコミュニケーションは不向きなのである。

仮にシステム全体としてよくしていきたいものが、参加者一人ひとりが嬉しいと感じる値の総数だったとしよう。この時、この問題を中央の計画局に各参加者の情報を送信することなく解くことは可能だろうか？　ある程度の前提は必要になるが、自律分散型スマートグリッドのような単純な系であれば可能なのである。

具体的には、全体を中央の計画局が最適化する問題は、個々の参加者が自分の利益を追求する問題と、全体としての電力の値段をちょうどいいように調整する問題の二つに分解することができるのだ。ある条件を満たせば、この二つの異なる問題は数学的に完全に等価になるのである。この分解は双対分解と呼ばれる。ちなみに、双対分解は、ラグランジュ未定乗数法と呼ばれる最適化手法と関係が深く、電力の価格はその数学で現れるラグランジュ未定乗数に一致するのである。これは経済学では一般的にシャドープライスと呼ばれる。

「――例えば、中央の計画局に毎日のように言語的なメディアで各参加者の希望や状況を伝えて、全体としての最適化問題を解いてもらって、その結果にみんなが従っている社会も考えられるよね。そんなことはせずに貨幣的なメディアで、価格情報を参考にして、個々人に自分の利益を求めて自由に行動してもらう社会も考えられる。そのどちらでも適切な電力分配を行えるとした時、どちらが簡単で、社会全体として効率的、現実的だろうか。僕はやっぱり、後者の方が多くの場合で効率的だし現実的だと思うんだ。それに一人ひとりが自由でいられるしね。みずからの消費量、取引量などを自分自身で決められるというのは、個々人が自由に生きられる社会の根本だと思う。ある意味で、その自由、つまり個人の幸福と、社会全体の幸福の橋渡しをしているのが価格情報であり、貨幣なんんだ」

「再生可能エネルギーを融通するっていうと、エコなイメージがあるのに、それを実現するには自分の利益ばかりを考えていたらいいってこと……でしょうか？」

「そういうことになるね」

「それってなんだか、すごく逆説的な感じがします。自分のことばかり考えないで、自分が損しても、みんなのためになるように行動するのがエコってイメージですよ～」

今までのエコのイメージと違いすぎるので、どう辻褄を合わせたものかと、マドカは首をひねる。そして助け舟を求めるように、「う～ん」と声を漏らしながら上目遣いに綾乃の方を見上げた。

「エコかどうかは置いておいてもいいんじゃないかしら？　今回の教授の話のポイントは、貨幣と価格を通したコミュニケーションなんでしょ？　とりあえず、そこのポイントさえ、マドカちゃんが納得できたらいいんじゃない？」

綾乃は、マドカから無言で請われた助け舟をそっと押し出した。

「ええっと、お金がものの価値を表して、価格の情報によって、みんなの欲求が調整されて、ちょうどバランスのいい電力の配分が起きるんだって話ですか？」

「そうそう」

「ちょっと難しいですけど、なんとなく、お金を渡すことで、私たちがコミュニケーションしていて、それで世の中が成り立っているって、ザクッとしたところなら、わかった気がします。『お金のやりとりもまた、コミュニケーションなり』って感じ?」

綾乃とマドカのやり取りを見て、僕は「まぁ、今日のところはそんな感じでいいと思うよ」とうなずいた。

西部忠は著書『資本主義はどこへ向かうのか』(9)(NHK出版)の中で貨幣について以下のように説明している。

《それは何か別のものを表象したり代表したりする通常の意味での記号でもない。貨幣とは構造内の何の要素も代表していないにもかかわらず、その構造の存立を可能にする「ゼロ記号」にほかならない。》

僕たちはコンビニで見も知らぬ店員さんから商品を受け取る。その商品は見も知らぬ配送員さんにコンビニまで配達してもらえている。配送員さんの所属する業者は、配送員さんが乗るトラックのガソリンを見も知らぬガソリンスタンドの従業員から供給されている。このような膨大な連携の下で、僕たちの日常生活における消費、経済活動は成り立っている。この巨人なる分業。それを支えているのは、財の動き、サービスの動きの逆方向に常に流れる貨幣という「ゼロ記号」なのである。

僕たちは言語によるコミュニケーションによって社会を形作っているのと負けず劣らず、貨幣によるコミュニケーションによって社会を形作っているのである。

これをコミュニケーションと呼ぶかどうかは、意見がわかれるところかもしれない。しかし、僕はこれをコミュニケーションの一種だととらえたい。

そもそも、コミュニケーションとは人間の進化の歴史上生まれてきたものであり、それは複数の個体間の行動を調整するためのものである。そう考えた時に、電力融通の話にせよ、日頃の分業にせよ、貨幣が行き交うことで僕たちが達成しているのは、まさに複数の個体間の行動調整なのである。そして、貨幣を用いた行動調整は、財配分やサービス配分においては、言語によるコミュニケーションよりも圧倒的に効率的だ。僕たちの世の中は、記号によるコミュニケーションの傍らに、貨幣によるコミュニケーションがあることで、回っているのだ。それをあらためて強調しておきたい。

二十世紀の冷戦期、人類は社会主義と資本主義の間で揺れた。結局、社会主義陣営が崩壊したわけだ。当時はその意味が僕にはよくわからなかった。しかし、現在では、二十世紀における社会主義国家の興亡は人類社会全体をかけたコミュニケーションに関する壮大な実験だったんじゃないかと考えるようになった。

社会主義国家が現実として運んでくるのは官僚主義と計画経済だ。官僚主義というのは国家だけの話ではなく、大企業などにおいても現れるものであり、それは文書による統治によって特徴づけられる。官僚的という言葉がしばしば多くの書類仕事を想起させるように、官僚主義は言語的なコミュニケーションとともにある。計画経済というのは中央の計画局で、社会全体のことを考えて最適な計画を作ろうとすることによって特徴づけられる。つまり、本書の視点から言えば、言語的コミュニケーションに多くの比重を置きながら、中央における全体最適化問題を解こうとするのが社会主義国家であった。これは必然的に国民の自由を抑制することにつながる。

その一方で、資本主義国家は、自由主義や市場原理と手を結び、価格メカニズムを活用しつつ、分散的な最適化を実施する。貨幣的コミュニケーションに多くの比重を置きながら、個々人の意思決定と価格メカニズムに社会の最適化問題を委ねるのである。その結果、ボトムアップに価格が形成され、各参加者の欲求や状況に関する情報は処理されて、社会の資源配分の中に反映されていく。結果的に、国家規模の社会を形作っていく上で、言語的コミュニケーションよりも貨幣的コミュニケーションの効率性が支持されたのだと、僕は解釈している。

社会主義運動が盛り上がる二十世紀前半から、社会主義国家体制の危険性をいち早く指摘していたのが経済学者のフリードリッヒ・フォン・ハイエクであった。社会主義における経済計算が可能かという論点に関して、ハイエクは不可能性を主張し、経済計算論争と呼ばれる論争が生じた。また、ハイエクは社会主義が必然的に国民から自由を奪うこと、それがさまざまな弊害をもたらすことなどを指摘した。さまざまな角度から社会主義国家の危険性を痛烈に批判した『隷属への道』は名著である。

彼の思想が、記号創発システム論と同じように、自律分散的なシステムとして社会を見て、創発システムにおける創発特性と同様の形で価格や規範の形成を見ているところは偶然ではないのだろう。社会における参加者の相互作用を通してボトムアップに生まれてくる秩序をハイエクは自生的秩序と呼んでいた。僕はこのシステム論的共通性こそが本質だと思っている。

「コーヒーを一杯もらおうかな？」

僕はカウンターの中の綾乃に声をかける。

「あら？　電気があまりないから、今、コーヒーメーカーを動かすのは贅沢なんですよ？　いつもより二倍のお代をいただこうかしら？」

今日の議論に引っかけてか綾乃が悪戯っぽく笑う。希少な財の価格は高くなる。当たり前のことだし、これによって需給が調整されて、世の中は回るのだ。これこそが、人類の英知なのである。

「いいよ、二倍くらい。払いますとも」

そう僕が言うと、綾乃が「じゃあ、今日はありがたく、そのお代金いただきますからね」と笑った。定価はあっても、価格の上げ下げをするのは、僕たち一人ひとりの自由だ。そうやって、僕たちはこの世の中のバランスを保ち、貨幣的なコミュニケーションを介して、社会の全体最適化に貢献しているのだ。

カウンターのハイチェアで、マドカが「ひゅ～！　金持ちぃ！」と茶化《ちゃか》してくる。

さて、台風による停電はすぐには復旧しなかった。自律分散型スマートグリッドはまだここにはないので、蓄電池も地域での電力融通もないわけだ。時刻が六時を過ぎて、日が西の空に沈み行く頃には、太陽光発電システムも電力を生み出せなくなり、喫茶店エトランゼも完全に光を失った。

マドカは停電という非日常に目をキラキラさせていたが、綾乃は職業柄、冷蔵庫や冷凍庫の中身が大丈夫か不安そうだった。マドカはもう、喫茶店エトランゼの二階にある綾乃の家に泊まることを決めたようで、自宅へと電話をかけていた。エトランゼの西側の賀茂川は光を失い、また、豪雨により水嵩が増したその流れは、少しばかり不気味にドウドウと流れていた。

僕はといえば、一度はソファで一夜を明かす覚悟を決めたものの、夜九時を回った頃には台風も北へと過ぎ去ってくれたようで、家に帰ることにした。

突風で物が飛んでこないかびくびくしながらも、僕は南へと自転車を走らせた。

運動会でコミュニケーションとは何なのか？

九月が始まった。まだ、蒸し暑いが、徐々に秋の足音が聞こえてきそうだ。執筆も佳境。九月の最終週から後期の授業が始まる。その週には、大学に戻らねばならない。時々、質問魔こと小沢マドカの質問攻めにあっては停滞してきたが、僕の執筆も、ようやく目処が立ってきた。

今日も僕は、喫茶店エトランゼの一角を確保してノートパソコンを開いている。エディタを開いて、自分の考えや理論をつらつらと書き込んでいく。やっぱり、ずっと椅子に座っていると腰が痛くなるし、肩が凝ってくる。僕は手を組んで一つ伸びをした後に、腰の後ろに手を回して親指で腰骨の周りを何度か押した。やはり、腰が凝りに凝っている。

——運動不足だなぁ。

職業柄、全然運動をしないのだ。九月が深まり、十月が近づけば運動に向いた季節がやってくる。もういい年だ。体力維持のための運動を始めるにはいい季節なのかもしれない。綾乃だってあまり変わらない年齢のはずなんだけど、カウンターの中からマドカの相手をしている彼女は、とても僕と近い年齢とは思えないくらい若々しく見えた。

カウンターでは、水回りをアルバイトの男子、桐生院幸人に任せながら、綾乃がマドカに向かって、何やら話していた。

「大丈夫よ、他の参加者だって、お年寄りから子どもまでバラバラなんだから」

「え～、私、足遅いんですよ～。負けてもいいって言ったって、フットサルなんて私ほとんどやったことないし～」

球技大会か何かの話だろうか？　そういえば、九月というのはそういう行事の多い季節でもある。カウンターに座るマドカは制服姿だ。先週から二学期が始まり、夏休みの私服姿から、また、学校の制服へとマドカの服装は変わっていた。

僕が二人の様子をうかがっていると、目敏《めざと》くその視線に気づいた綾乃から突然ボールが飛んできた。

「教授からもマドカに言ってあげてください。地域のフットサル大会なんて、ご近所付き合いの交流の場でしかないんだから、気楽に参加したらいいんだって」

――おいおい、僕を巻き込むなよ。第一、僕も、運動神経はダメダメだったから、地域のスポーツ交流会なんて参加したこと、ほとんどないんだ。でも、まぁ、綾乃には世話になっているし、適当な援護射撃だけ飛ばしておこうか……。

「う～ん。まぁ、マドカちゃんも、この店に入り浸って、地域の人とも交流あるんだろうし、出ておいてもいいんじゃないかな？」

そういうわけで、僕は、もう最大限に適当に返した。

たぶん、綾乃としては、地域の行事であるフットサル大会に出る若者の人数合わせをしたいだけなのだろう。最近、どこでも、町内や地区の行事へ参加する人が減っているので、そういう人間の確保に苦戦している。まぁ、地域の活動に対する関心も減っている上に、実際に若者の人口自体も減っているから仕方ないのだけれど。

「え～。このあたりの人と交流できるのはいいことだと思いますけど、フットサル大会だったら、黙々とボール蹴ってるだけじゃないんですか～？　交流になるんですか～？」

「あら？　マドカはスポーツ大会の意味をわかってないのね。一緒にスポーツをやるっていうのは、何よりものコミュニケーションなのよ？」

「コミュニケーション……？　フットサル大会が？　……そうなんですか？　教授？」

そう言うと、カウンターのハイチェアをくるりと回し、マドカが僕の方をのぞき込んだ。両手をノートパソコンのキーボードの上に広げ直して、仕事に戻ろうと思っていた矢先のことだった。執筆一時停止のお知らせである。その向こう側で、綾乃が「してやったり」とばかりに大人の女性の悪戯な笑みを浮かべていた。

わざと「コミュニケーション」という言葉を使って、こちらに話題を誘導してきたとしか思えない。いつも確信犯的で、狡猾な女性である。昔から綾乃だけは敵に回したくないと思う。僕は一つため息をついた。

「まぁ、コミュニケーションの場とも言えなくはないんじゃないかな？　実際に、スポーツを一緒にやると、なんだか仲間意識が湧いたり、一体感が生まれたりするでしょ？」

僕がそう言うと、マドカは何か言いくるめられまいとしているのか、「うーん」と腕を組んで首を傾げた。

「でも、コミュニケーションって何か『信号を使って他者に情報伝達すること』ですよね？　言葉による会話とか？　この前、教授が言っていた貨幣を用いたコミュニケーションだって、いちおう、お金が価値を伝えるってことでコミュニケーションに加えていいのかなって思うんですけど……、スポーツってどこでコミュニケーションしてるんです？　まさか、スポーツの休憩時間のお喋りのことを言ってます？」

「合間のお喋りじゃなくて、一緒にスポーツをプレイするということの中に、コミュニケーションと呼べる要素があると僕なんかは思うんだけどね。でも、それは記号による情報伝達ではない。もっと、原初的なものなんだよ」

「……それは？」

「マドカちゃん、『引き込み現象』って知っている？」

「引き込み現象？」

僕はうなずき、マドカは首を左右に振った。

引き込み現象は、結合された非線形振動子で起きる同期現象だ。紐でぶら下げられた振り子や伸縮するバネは線形振動子と呼ばれ、単純なリズム運動をくりかえす。これより複雑な性質を持ってリズム運動をするのが非線形振動子である。引き込み現象は、人間においてだけでなく、人間以外の他の生き物でも観察されるし、生き物でなくてもろうそくの火や、並べられたメトロノームなんかでも起きる現象である。自然界において至るところにあり、さまざまな生物の生命活動においても大きな役割をはたしている。

有名な例の一つはホタルの同期発火だ。マレーシアの川沿いのマングローブの森では、夜な夜な無数のホタルたちが集い、いっせいに明滅する。さながら光のオーケストラだ。しかし、これらのホタルが、同時にオーケストラのようにいっせいにタイミングを合わせて明滅することが、いかにして可能なのだろうか。
クリスマスツリーに飾られる多数のＬＥＤ電球であれば、一つの電線によりつながれていっせいに電気のオンオフが制御される。しかし、ホタルたちはそんな形ではつながっていない。では、誰かが特別な指揮棒を振って、なんらかの信号で音頭を取っているのだろうか。どうやら違う。ホタルたちにリーダーはいない。彼らの集団は自然と、明滅のリズムを合わせているのだった。その仕掛けが引き込み現象による同期だと考えられている。

明滅するホタルは、光をオンオフさせる内部状態を振動させている状態だと考えられる。そして他のホタルの光が刺激として入ってきて、これが一定の形で、その内部状態の振動に影響を与えると考えよう。そのようなシステムを考えると、複数のホタルの明滅が同期してくることを説明することができるのだ。

このように、ある振動のリズムに、他の個体の振動が同期していく現象を引き込み現象という。数学的には、非線形振動子の集団で生じる現象として表現できる。

引き込み現象を生じる非線形振動子は、僕たちの脳神経系や内臓器官にも、たくさん存在しているといわれる。たとえば、心臓がリズムよく脈動するのも、ペースメーカー細胞による引き込み現象のおかげである。僕たちが日頃、普通に歩くのでさえＣＰＧ《セントラル・パターン・ジェネレータ》と呼ばれる神経振動子による引き込み現象の力を借りているといわれる。また、複数人の女性に共同生活をしてもらうと、月周期の生理のタイミングが同期する傾向があるとも報告されている。僕たちの身体は、引き込み現象を活用し、引き込み現象に影響されて活動しつづけているのだ。

「――ホタルたちは、何も特別な信号を送り合っているわけではなかったんだけど、信号を送ってタイミングを合わせるのと同じような協調を生み出せているものだから、これを『同期現象を介したコミュニケーション』だなんて呼ぶ人もいるよね。僕も同僚の神経科学の研究者と『同期現象はコミュニケーションと呼べるか否か』だけで数時間議論したことがあるし」

僕がそう言うと、マドカは「なんとなく、意味はわかります」とうなずき、綾乃は「マングローブの森のホタルのオーケストラってロマンチックね」と遠くを眺めた。

「でも、それがスポーツ大会のコミュニケーションと、どう関係するんですか？」

マドカは、つながりがわからない、とでも言いたげに首を傾げた。

百聞は一見に如かず。そして、こういうものは体験して体で感じるのが一番だ。

「じゃあ、ちょっと手を出してごらん」

僕は机の上に両手を広げて見せた。そして、マドカも、両手を広げた。

同期するカラダとココロ

マドカに両手を広げてもらうと、僕は一定のリズムで両手を打ち合わせ始めた。

「パン、パン、パン、パン、パン♪」

何を始めたのだろうと、マドカは不思議そうな顔をする。

「えっとね。マドカちゃん。僕のこの叩いているリズムとまったく関係ない一定のリズムで、叩き続けてみてくれるかな？」

　僕がそう言うと、マドカはコクリとうなずいて両手を持ち上げた。

「パン、パン、パン、パン♪」

　これが僕のリズム。それから意識してずらすように、マドカが両手を叩き始める。

「ッパン、…パン、…パ、パン、パン、パン♪」

　最初はスピードもタイミングもずらそうとしていた手拍子が、次第に一定のリズムに収束していく。否応なく。僕とマドカの叩く手拍子は、そして、なんだか、ひとまとまりのリズムへと収束していった。

「パパン、パパン、パパン、パパン、パパン♪」

　二人で一定のリズムパターンをパーカッションのように刻み始めてしまった。なんとか、まったく関係ない一定のリズムにしようと努力しているようだが、抵抗むなしく、僕との手拍子の合奏へと引き込まれる。マドカはなんだか苦笑いを浮かべて、僕はどこかしてやったりと、ほくそ笑んだ。ひとしきり手を叩いた後に、手を止めるとマドカは恨めしそうに口を開いた。

「無理ぃ〜。これ、絶対つられちゃいますよ。ていうか、教授、私のリズムに合わせてきたでしょう〜？」

「いやいやいや、僕は一定のリズム刻んでたよ〜」

「本当ですか〜？」

とは言うものの、ぶっちゃけ自信はない。たぶん、少しはつられていた。いや、むしろ僕の方が、つられていたかもしれない。僕だって人間だから、自然とリズムに引き込まれてしまうのだ。

「まぁ、こういう風に人間だってリズム動作では、簡単に他の人の動作に引き込まれてしまうんだね。音楽で『リズムに乗る』なんてのは、積極的にこういう効果を利用しているんだよね」

「あ〜、たしかに。さっきの『パパン、パパン、パパン♪』ってリズムだけでも、なんか、そこから歌でも始まりそうな雰囲気でしたし」

そんな思わぬ感受性を表明するマドカに、「マドカちゃんって楽器とか弾けるの？」と聞くと、

「全然、できません！　カラオケくらいっ！」とマドカは堂々と胸を張って言った。

「こういう形で、体を同じタイミングで動かしていくと、人は自然に、一体感を感じるんだよね。自然とね。僕は音楽とかスポーツにおける一体感の醸成とか、それを通して交流を図る、『スポーツ大会でコミュニケーションを図ろう！』っていうのには、そういう体の同期を通した、心の同期、一体感の醸成があるんじゃないかなぁって思っているんだ」

「う〜ん。なるほど。記号や貨幣を用いたコミュニケーションじゃないけれど、もっと、直接的な、原初的な、同期現象が心のつながりを感じさせるようになるんだって話ですね？」

「正解！」

マドカは僕の論点はなんとなくとらえたようだったが、それでもどこかで納得いかなそうだっ

た。

「でも……、それなら、やっぱり、それをコミュニケーションって呼ぶのって、違わないですか？　だって、結局、何も情報伝達されてないじゃないですか？　コミュニケーションできてるような気になっているだけじゃないでしょうか？」

「そうだね。情報伝達としてのコミュニケーション。つまり、シャノン・ウィーバー型のコミュニケーションモデルでとらえた場合には、これをコミュニケーションと呼ぶのは難しいと僕も思うよ」

「だったら――」

そう言うマドカの発言を遮って、僕は続ける。

「でもね。ホタルの同期現象ではタイミング情報が伝達されることで、調整されるのと同様の現象が起きていたから、これをある意味でコミュニケーションが生じていたととらえることはできる気もするんだ。あと、シャノン・ウィーバー型のコミュニケーションモデル自体が、僕たちのコミュニケーションをとらえきれていないんだったら、そのコミュニケーションの定義に従う必要もないと思うんだよね。ちょっと、乱暴な考え方かもしれないけれど」

僕は窓の外の賀茂川の河原に目を遣りながら、そう言った。先月、台風で増水した賀茂川も、今は夏の終わりの太陽の下で、滔々《とうとう》と流れている。河原でフリスビーを飛ばす大学生カップルの姿が見えた。賀茂川やその下流の鴨川でも初夏の夕暮れにはホタルが観察できる。マングローブの森にいるホタルの大群とまではいかないが。

視線をカウンターに戻すと、綾乃が嬉しそうに、頼もしそうに僕の方を見ていた。その前で、マドカが驚いたような、きょとんとした顔を浮かべている。無理もない。僕の言っていることは、教科書や辞書に書いてある内容に挑戦するようなことなのだ。教科書の内容や辞書の内容は正しいとして、それをとにかく学ぼうと教えられる高校生の視点からすれば、突飛な発想かもしれない。

「じゃあ、教授が考えるコミュニケーションってなんですか？」

「う〜ん、なんだろうなぁ。僕も考え続けている途中だから、暫定的な答えにはなるけれど、『多主体間協調を引き起こす相互作用』あたりかなぁ？」

「多主体間協調？」

たとえば、僕は言葉で誰かに「ペットボトルを取ってきて」と依頼できる。これは他の主体の行動を促し、僕はその人の力を借りつつ目的を達成することができる。自由市場では貨幣を用いてやり取りすることによって、社会は巨大な分業を達成して、多主体の協調を実現している。ホタルたちは光を放ちながら一つの巨大なオーケストラとして多主体間協調を実現している。

僕は、意味もわからないままに言葉を返してくるチャットボットとの文字列のやり取りは、必ずしもコミュニケーションだとは思わない。ロボットとして体を持っていても同様だ。ただ音声認識をして、なんらかのルールで決まりきった音声出力を返してくるロボットのどこが『コミュニケーションするロボット』だというのだ。日常のコミュニケーションには主体の存在があり、そして、実世界での効果をもってその意味を成す。コミュニケーションは、僕たちの知能の表れであり、環境適応という進化の結果であり、物理システム、認知システム、そして、社会システムの中に連続的につながっているものなのである。

「ものすごく、仮説的なアイデアで、証明されたものでもなんでもないんだけど、僕自身は、人間のコミュニケーションは主に、『記号』、『貨幣』、『同期』の三つの形式が存在していて、これらが絡み合いながら日常のコミュニケーションを形作っていると考えているんだ。……まぁ、これらの言葉を使うのはちょっと比喩的でもあるんだけどね」

「『記号』っていうのは言語とかジェスチャーとか、『貨幣』がお金で、『同期』が今日話していたリズムの話ですね？」

そういうマドカに僕はコクリとうなずいた。こんな話を僕がする時は、決まって分野横断的にもなるし、話の全容を踏まえて話せる相手はそうそういない。同じ学会の研究者にだって伝わりがたいものだ。でも、この夏のエトランゼで、マドカには全部少しずつ話してきた。だから、この少女にはこんな話をしてもいいのかもしれないと思う。

「そう。それで、その三つは、それぞれに、存在としてかなり独立していると僕は思っているんだ。たとえば、何かを指し示して意味を伝達するのは『記号』だけだ。『同期』はある意味物理的にリズムの共有を導入して一体感を醸成するけど、それが何かを指し示すという類のものじゃない。特に、僕たちの文明は『言語』が持つ論理的な構造の上に成り立っているけど、数量的な表現である『貨幣』にも、ただ、一つのリズムに引き込んでいく『同期』にもそんな意味を伝達する能力はない」

「じゃあ、『言語』は『貨幣』や『同期』による協調に優越するんでしょうか?」

そんなマドカの問いに、僕はゆっくりと首を左右に振る。

「それもまた危険な考え方なんだよ。僕たちの生きるこの社会じゃ、頭のいい人ほどすぐに言語的になって、論理的に物事を処理しようとする。いわゆる官僚組織や学術的な世界にドップリ浸かった人がその典型さ。たとえば、都道府県や国レベルで物資の配分なんていうのをやろうとしたら、その物資を誰が必要としていて、どのくらい必要で、なんて話を文書で書いて提出させて配分することになって、ものすごい無駄が生じるし、コストがかかる。また、『言語』には解釈の恣意性が存在するし、この手の情報をやり取りするには非効率的だ。結局、書類仕事ばっかり増える割には、意思決定をする中央で、知り合いの優遇や、賄賂なんかが横行して、非効率で不公正な社会ができ上がったりもするのさ」

「なんか……、ブラックですね」

「まぁ、このあたりは、ほとんど社会主義の体制を二十世紀に批判したハイエクの受け売りだけどね。そして、これは二十世紀の冷戦において、自由主義市場を重要視する、いわゆる西側諸国が勝利した理由でもあるね。日本では市場メカニズムに対する不信感が根強いけど、不必要なまでの官僚支配、文書と『言語』による統治に移行しすぎると、非効率な計算処理に満ちて、社会は闇に堕ちるから、要注意だよ。両方のいい面と悪い面をきちんと理解して、社会の中で活用していかないといけない」

「じゃあ、『同期』が有効なものって何なんですか？」

「うん。心を一つにしたり、共感を生んだりするところではすごく大事だよ。たとえば、イベントの終わりにやる一本締めや三三七拍子。あと、万歳三唱とか、心を一つにしようとして無理やり使う場合もあるよね。また、日頃の会話でも、あいづちとか、相手の話すリズムに合わせて、うなずいたり、体を動かしたりするだけでも、一体感が生まれて、話している側も聞いてもらえているって感じを受ける。演説なんかでもリズムは大事だよね。それが音楽のライブになったりするとリズムはもう根本的な存在だ。こういう『心を一つにする』みたいなのは、言語で表現された意味によって、論理的に表現しようとしてもなかなか伝わらない。一方で、リズムだけでは論理は伝わらない。言語とリズムを組み合わせながら、コミュニケーションするのが重要なんだと思うよ。まぁ、リズムには意味がないのがある意味でポイントなんだけどね」

僕はそう言うと冷めたコーヒーに手を伸ばして、一口すすった。

「なんとなく、わかる気もします。ノリのいい子ってリズム合わせるの上手いですもん！」

「そうそう。マドカちゃんが五月に言っていた『コミュ力』のある子の話ってあったでしょ？そのコミュ力って、このリズムとか同期のことだったりすると思うんだよね。『えっ、マジで？』

『うんうん』『ヤベェ！』『ウケる！』『スゲー』とかばっかりがすごい上手い子。ほとんど、一単語一単語は感動詞くらいの意味しかないんだけどね。実時間のコミュニケーションにおいて的確にタイミングを合わせて、一体感あるリズムをつくっているんだ。まぁ、だから、そういう人に『言語力があるか？』って言われたら、きわめて微妙なことが多いと思うよ。そんな『コミュ力』をつけるためには、語彙力をつけても無駄かもしれない。あ、もちろん、言語力は重要なので、語彙力はメチャメチャ大事だよ。ただ、世の中で言っている『コミュ力』って言葉は、何かと断片的だし、曖昧だし、文脈次第で変わる多義的な言葉だってこと。総合的なコミュニケーション能力とは、ずいぶん違うと思う」

なるほど、とマドカはうなずく。高校生は、同年代の人間と日々顔を合わせなければならず、そこではさまざまなコミュニケーションが飛び交う。それは、大人の世界より熾烈だったりするのだ。

「今の話は、言語コミュニケーションにおいて『同期』が役立つ例でしたけど、逆に『同期』によるコミュニケーションが、言語コミュニケーションの役に立たない、もしくは駄目にしちゃう例なんかも、あったりするんでしょうか？」

マドカは素朴な質問を投げるかのように、高度な質問を投げかける。いい質問だ。

「あると思うね。僕は、シュプレヒコールって実はそういうもんじゃないかと思う」

「シュプレヒコール？」

高校生には馴染みがない言葉かもしれない。シュプレヒコールとは集会や演説など、多くの人が集まっている場所で、参加者が声をそろえて同じフレーズを何度も連呼するものだ。デモ行進をしている人たちが「○○反対ッ！ ○○反対ッ！ ○○反対ッ！ ○○反対ッ！」などと連呼しながら歩いているのを見たことがある人も多いだろう。

「僕にはあれが言語的コミュニケーションが、同期的コミュニケーションに制御を奪われてしまった状況に見えるんだ。あのリズムに合わせて言葉を連呼すると一体感を感じられる。そして、それからの逸脱は場合によっては恐怖さえともなうかもしれない。それが同期現象なんだ。同期現象とは、それぞれが独立に運動していた物理現象が、それぞれの自由度を失っていって一つのリズムにはまり込んでいく様子を表している。そして、その状況は個別の自由意志に基づいた理性的な運動でもなんでもなくて、物理的でダイナミックな運動だ」

「みんながするシュプレヒコールに物理的に引き込まれてしまっているって意味ですか？」

「うん、そうだね。政治や社会に関する議論っていうのはいつも複雑で、多様性がある。それが大切なんだと思っている。ところが、シュプレヒコールみたいなダイナミクスは、同期現象があ る意味でそういう自由度を一つの振動パターンの中に巻き込んでいくんだ。そこに群集心理や、数の暴力の端緒を見て、僕はいつも少なからず恐怖感を覚えてしまうんだよ」

シュプレヒコールそのものが絶対悪だと言っているわけではない。しかし、そういう現象は僕たちの無意識に作用する。その可能性を把握して、上手く付き合うことが肝要だろう。マドカは難しい顔をして腕を組んでいた。

「まぁ、そんな感じ。実際にはスポーツ大会におけるコミュニケーションって、もちろんこれだけじゃなくて、休憩時間の会話もあれば、同じ経験を共有することによる共有信念の醸成、肌と肌の接触による直接的な心理的影響、息を切らすことによって恋愛感情が生じやすくなる吊橋効果とか、いろんなパーツが寄り集まっているよね。そう考えると、なかなか強力な存在だと思うね。だから、綾乃の言う『スポーツ大会は何よりものコミュニケーションの場』っていうのはあながち間違ってないんじゃないかな？」

僕はそう、嘯《うそぶ》いてみせた。

――まぁ、若いうちはなんでも体験してみるのが一番さ。

「うっ！　そうやって、結局、学術的なお話で私の外堀を埋めるのが目的だったんですね！　教授っ！」

――いや、それは言いがかりだ。僕はいつも考えていることを素直に話しただけなんだよ。本当に。

「まぁ、そういうことだから、マドカちゃん。マドカちゃんのコミュニケーション研究の一環としてフットサル大会参加でオッケーね」

「ううう……、わかりました」

綾乃に最後の一手を詰められて、渋々と参加を受諾するマドカを尻目に、僕は悠々とノートパソコンに向かい直した。

——今日はまだ時間もある。さぁ、執筆だ、執筆だ。

そんな僕にカウンターから綾乃が優しげな視線を送ってくる。マドカを言いくるめたことへのお礼だろうか。なぁに、いつも世話になっているんだ。礼には及ばんよ。

「じゃあ、教授も、来週の日曜日、朝九時に小学校のグラウンドに集合なのでよろしくお願いしますね」

「——え？」

「あら？　あそこまで言っておいて、マドカちゃんだけ参加させて自分は参加しないってことはないでしょ？　『スポーツ大会は何よりものコミュニケーションの場』なんだから。教授の分は、もう参加者として登録してあるからよろしくお願いしますね」

そう言って綾乃は天使のような笑顔を浮かべ、その前ではマドカが「そうだそうだ！　旅は道連れ、世は情けってねっ！」と拳を天へと突き上げた。

——それは、聞いてないんですけど〜っ！

両手で頭を抱えた。

おすすめ本（第6章）

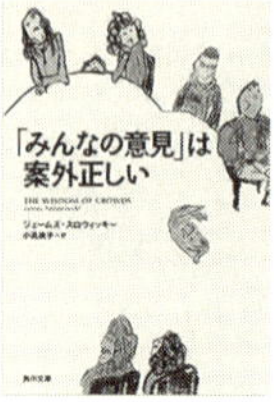

『「みんなの意見」は案外正しい』ジェームズ・スロウィッキー（小高尚子訳）角川文庫（株式会社 KADOKAWA）
集合知とは多くの人々に分散した知識や情報を統合したり構造化したりすることで得られる「知」である。「みんなの意見」は時としてその道の専門家の知識をも凌駕する。それはどんな時で，どんな方法で可能なのか？　コミュニケーションの性質に関しても考えさせられる1冊。

『SYNC』スティーヴン・ストロガッツ（蔵本由紀・長尾力訳）早川書房
同期現象を通してホタルはコミュニケーションをしている？　非線形振動子系としてとらえることのできる，さまざまな同期現象の事例から，その仕組みに関する議論まで広く解説された書籍。物理学と動物のコミュニケーションというとても遠そうな2つの概念がつながるのかどうか考えてみてほしい。

『市場・知識・自由』F. A. ハイエク（田中眞晴・田中秀夫訳）ミネルヴァ書房
私達が財やサービスに値段を自由につけて取引を行う時，さまざまな情報が行き交い，集約される。ハイエクはノーベル経済学賞受賞者，思想家。自己組織化現象として社会を見る視点，そして自由主義。創発システムにも通じるハイエクの思想をのぞこう。

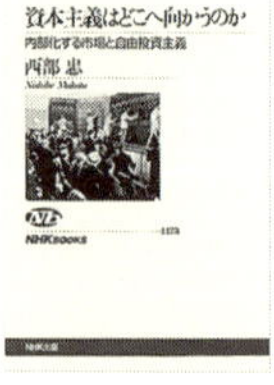

『資本主義はどこへ向かうのか』西部忠　NHKブックス
グローバリゼーションの中で，社会はまた，変容してきている。貨幣がコミュニケーションの媒介物だとするならば，そのコミュニケーションが国境を越え流動的に動く現在，世界はどう変容していくのか。貨幣に関する哲学的考察も刺激的な，意欲的一冊。

終章　エピローグ――賀茂川のほとりで会おうと君は言った

　僕は、喫茶店エトランゼのカウンターテーブルで、ノートパソコンの液晶画面をパタリと閉じた。そして一つ大きく息を吐いた。

「お話は完成したのですか？」

　カウンターの中から新しいサイフォンでコーヒーを淹《い》れていた綾乃が、目敏《めざと》く声をかけてくる。今日は緑のエプロンをかけて、髪は後ろで括《くく》っている。大学生の頃はいつもこの髪型だったから、少し昔のことが思い出される。

「まぁね。……というか、お話じゃなくて、ちゃんとした専門書なんだけどね。まだ、初稿のドラフトだから、これから編集さんに渡してチェックしてもらったり、追加で文献を調べたりしないと校了ってわけにはいかないんだけど」

　僕はそれでも、少なからず解放感を覚えてはいた。本一冊を書くのは大変だ。論文を一本書くのとは意味が違う。十万字以上、原稿用紙にして三百枚以上といった分量の文章を書くのだから、それは頂上の見えない登山のようなものなのだ。

　五月から原稿のほとんどを、この喫茶店エトランゼで書いてきた。その意味では、綾乃には感謝している。

「教授の原稿を、私はいつ見ることができるのかしら？」

綾乃が珍しく少し甘えたような口調になる。僕は顔を上げて真意を確かめるように彼女の表情をのぞき込んだ。でも、そこには他意らしきものは見当たらなかった。一線は退いたものの、彼女も人と人のコミュニケーションには強い関心を持ち続けているのだろう。人と人が語り合う喫茶店というサードプレイスの経営を始めたのも、そういう関心と関係しているのかもしれない。

彼女はサイフォンで淹れたコーヒーを僕に差し出す。ソーサーの底が木のテーブルの上でコトリと音を鳴らした。

「サービスよ、気にしないで」

「珍しいね。綾乃が僕の原稿に興味を示すなんてさ」

「あら、そうかしら？　そりゃあ、論文だとか、難しすぎる本だと読んでもチンプンカンプンだと思いますけど、今回は一般向けの本、それも、『コミュニケーション』に関する本なんでしょう？」

首を傾ける綾乃に、僕は「そうだよ」と言いながら黒いコーヒーの表面に砂糖を一つ落とした。

「あ、ミルク」と僕が言うと、「牛乳がいいの？」と綾乃が確認するので、「フレッシュよりかはね」と返す。白いピッチャーを受け取って、軽く傾ける。コーヒーの上にミルクが渦を巻き、やがて柔らかな褐色がカップの中を支配した。

「なんていうか、今回は僕の『コミュニケーション』に関するこれまでの思索をまとめたような本だからね」

「だったら、私の昔の活動も少しはかかわるってことよね？」

綾乃は、その昔、まちづくりの仕事にかかわってコミュニケーションの場作りなんかもやっていた。オープンスペーステクノロジーをはじめとしたコミュニケーションの場作りの手法などには詳しいのだ。

僕は「まあね」と呟《つぶや》いて、コーヒーを一口すすった。いつもと味が少し違う。サイフォンだけじゃなくて、コーヒー豆も変えたのだろう。綾乃が「どう？」と聞くので「まぁ、いいと思うよ」と小さくうなずいた。綾乃が「もう少し何か言い方あるんじゃなくて？」と言うが、上手い言葉を思いつかない僕は肩をすぼめた。

「この夏はどうでした？　あの子たちとの話はどうだったかしら？」

綾乃はシンクで蛇口をひねり、洗い物を始める。僕は五月から九月の終わりにかけてのマドカ、夏子、謙介との会話を思い出していた。

「うん。まぁ、いい参考になったよ。ちょうど書いている本が、高校生や大学生が楽しめるようにっていう本だったからね」

「じゃあ、私、ナイスアシストだったんじゃなくて？」

綾乃が調子のいいことを言う。

「それは言い過ぎだな」

と言うと、「あらあら、遠慮しなくていいんですよ」と彼女はケラケラ笑った。いくつになっても陽気な女性だと思う。

僕の夏休みがもうすぐ終わる。九月末からは大学に復帰しないといけない。マドカや夏子、謙介たちは高校生なので、九月の頭からもう学校が始まっている。九月に入ってから、夏子はマドカに連れられて一度だけ喫茶店エトランゼに来たが、謙介には一度も会えていない。学校が忙しいのだろう。僕も今日でここに来るのは最後だ。また、どこかで会うこともあるだろう。

彼女らが謙介を中心にして書いた「コミュニケーションするロボット」にかかわる調査レポートは、学年の最優秀夏期レポートに選ばれたらしい。内容は、マドカがこっそりとコピーして見せてくれた。僕の話した内容がすべて盛り込まれていたわけではないが、昨今のさまざまな企業から出されているコミュニケーションロボットに関して、いくつかの基準で分類したりして、実際のデータに基づいた議論がなされていた。また、しっかりと、それらのロボットが行っているのが「コミュニケーションなのかどうか？」という疑問符でレポートは彩られていた。僕の話したことは無駄ではなかったようだ。

コミュニケーションするロボットとは何か？　それを問い続けることが重要なのだ。その隣にはいつも、人間のコミュニケーションとは何かという問いがある。僕たちは、他者とコミュニケーションして生きている。そして、そのコミュニケーションの姿は多様だ。

日常のコミュニケーションをシャノン・ウィーバー型のコミュニケーションモデルのような鋳型にはめ込むことで理解が進む面もたしかにある。しかし、そのために僕たちが理解できなくなってしまう現象も、やはりあるのだということを忘れてはいけない。コミュニケーションという言葉の定義は重要だ。しかし、その言葉自体もやはり僕たちにとっては世界の理解のための道具なのだ。その意味自体を問い直す必要は常にあり続けるだろう。

マドカと夏子は、引き続き文化祭の開催に向けて文化祭企画委員会を引っ張っている。最近はそのせいで帰宅が遅くなる日も多いのだという。文化祭は十月だ。大学の後期が始まってここを離れるまでに開催されるのならばのぞいてもいいかなとは思ったが、それよりも後ということだから、残念ながら行けそうにはない。

マドカと夏子は実際に、総務パートの会議で、発話権取引を試してみたそうだ。それまで喋っていなかった一年生が喋りだして、三年生もタジタジとなっていたという。また、生徒会長に進言して、文化祭企画委員会全体でも一度、オープンスペーステクノロジーの手法を用いて「清新大学附属高校の文化祭はどんなお祭りなのか？」という全体テーマで一年生から三年生まで含めた議論を行ったそうだ。マドカや夏子が思ってもみなかった問題点や、一年生の希望、そして、目標となる文化祭像が明らかになってきて、最後の一か月を走る原動力になったという。

「人間のコミュニケーションは送信者から受信者への情報伝達だ」なんて言ってみて、さまざまな角度から人間のコミュニケーションを記述してみたところで、人間のコミュニケーションはよくはならない。コミュニケーションそのものは僕たち一人ひとりの意思決定に基づく行動であり、それだけを僕たち一人ひとりの欲求や、行動、そして、僕たちの生活する社会的文脈から切り離せるわけではない。それらを踏まえて、僕たちのコミュニケーションを円滑に進めるための分析や仕組みづくりには、より多くの思考と努力が払われていくべきだろう。

自律分散型スマートグリッドのように、自由市場を適切に用いれば、貨幣を用いて変動価格でやりとりすることで、各参加者はみずからの利得のみに注目して効率的な資源配分を実現することができる。しかし、その自由市場では、個々人の所有権が守られることや、市場の外側で取引が行われないことなど、適切なメカニズムの存在が求められる。コミュニケーション場だって同じだ。僕たちは日常生活をいろんな損得に囲まれながら生きている。効率的で生産的なコミュニケーションを実現するためには、それを支えるメカニズムを適切にデザインすることが重要なのだ。

最後にマドカにした同期の話。僕たちの心と体はつながっている。体で感じることが、心に影響を及ぼす。原初的な力は強い。僕たちは、そういう存在を知って、言語や貨幣を通したコミュニケーションとの差異を心に留めておく必要があるだろう。そして、心と体はつながっていて、体があった上で、僕たちは実世界の中で感覚的に言葉の意味を見出していく。言語的なコミュニケーションでさえ体の存在を前提にしていることを忘れてはいけない。

「たしかに、あいつらのお陰で、いろいろと思い出したこともあるなぁ。今度、来たら、礼を言っていたって伝えといて」

「あら、そのくらい自分で伝えられたらいいんじゃなくて？」

「いや、駄目だよ。僕、もう、今日で最後だから。明日からは来ないよ？」

僕が、そう言うと、初めて聞いたと言わんばかりに、顔を上げて綾乃は目を見開いた。蛇口を締めて、エプロンで手を拭く。

「そうなの？　聞いてませんでしたけど？」

「あれ？　言ってなかったっけ？」

「言ってないわよ」

珍しく不機嫌そうだ。

——ちゃんと言っておかないといけなかっただろうか。まぁ、とはいえ、僕も一人の客に過ぎないといえば、過ぎないわけで。

「そう。じゃあ、あの子たち寂しがるでしょうね。特にマドカは教授に懐《なつ》いていたと思うし？」

「そうかなぁ？」

「そうよ。自覚ないんですね」

僕はマドカと、あと二人の顔を思い出す。特に直接、話題にしたわけではないが、三人の人間関係も、なかなかどうして興味深かった。

「夏子ちゃんは、あれ、謙介くんのことが好きなんだろうな？」

僕がそう、ポツリと呟くと、綾乃は可笑しそうにククッと笑った。

「あら、鈍感な教授でも気づいちゃいましたか？」

「鈍感とは失礼だなぁ……。なんとなくだよ、なんとなく」

「じゃあ、他は何か気づかれました？」

「他って？」

僕はミルクと砂糖で甘くなったコーヒーを唇に運びながら、上目遣いに綾乃の表情をうかがう。

「謙介くんは、きっとマドカのことが好きね」

「え？　そうなの？　それなら、三角関係じゃん？」

「とっても綺麗な三角関係ね。そして、マドカは……、誰のことが気になっているかご存知？」

僕はブンブンと首を振った。それを見て綾乃は「どうしよっかなぁ～、教えようかなぁ～、どうしようかなぁ」ともったいぶる。「でもまぁ、もう来ないんだったらいっか」と綾乃はするりとお相手の名前を口にした。

「幸人くんよ……たぶん」

「え？　あ、あのアルバイトの？」

綾乃はニッコリと微笑んでうなずいた。なるほど、三角関係どころか見事な線形リストである。誰かが誰かを指し示し、一人ひとりがつながっていく。ちなみに、想われている側は全員その好意に気づいていないのだ。いったい、何のラブコメなんだ、これは？

「コミュニケーションについて多方面から考えられている教授でも、こういうことはちゃんとご研究されていないんでしょう？」

「え？　こういうことって？」

何のことかわからずに、僕が首を傾げると、綾乃はフフッと笑って僕を見た。

「恋愛におけるコミュニケーションよ」

僕は綾乃の悪戯っぽい視線を受け止めた。

――さすがにね、大学の研究では扱いづらいよ。

人間の生活はドラマだ。生きてから死ぬまでさまざまなことがある。そのあらゆるシーンにコミュニケーションがある。小説を開いたり、ドラマを再生したりすれば、そこには仕事のシーンも恋愛のシーンも、たくさんある。では、そんな日常を彩る、色彩豊かなコミュニケーションに関して、僕はどこまで迫れているのだろうか。正直なところ、よくわからない。

シャノン・ウィーバー型のコミュニケーションモデルからはみ出して、僕はコミュニケーションのいろんな形について考えてきた気がする。それでも、現実の現象はなおもふくよかで多様だ。それぞれの学問が、それぞれの視点、つまり、モデルを通して映し出せる姿には自ずと限界がある。

僕たちは人間だ。人間はコミュニケーションする存在だ。コミュニケーションとは何かを知ることは、人間である自分自身を知ることなのだ。

僕たちは、さまざまな形のコミュニケーションでつながる。その日々は、やっぱり、楽しいものであってほしいし、豊かなものであってほしいと思う。コミュニケーションについて考え、理解し、そして、改善していく。それは、僕たち一人ひとりに託された未来への鍵なのだ。

その時、僕が座るカウンターの背後で入り口の扉が開いた。

――カランコロン

喫茶店エトランゼの内開きのドアに付いたベルが鳴る。振り向くと、秋の昼下がりの太陽に照らされた、ボブヘアの少女の姿がそこにあった。彼女は息を切らしたまま、扉をすり抜けて、僕と綾乃に「こんにちは」と微笑みかける。

僕も「こんにちは」と微笑み返す。

今日が喫茶店エトランゼに僕が来る最後の日。

賀茂川のほとりで今日も僕らはコミュニケーションの花を咲かせる。

あとがき

「人工知能とビブリオバトル、両方の話題を含んだエッセイを書いてもらえませんか？」

世界思想社の編集さんにそう言われたのは、二〇一七年のゴールデンウィーク明けだった。京都のJR山科駅前にあるスターバックス。カフェラテを片手に僕は首をひねった。控えめに言って無茶振りだった。それでも、首をひねりつつ、その真意を知るべく意見交換。そこで、自律分散型スマートグリッドの話、同期現象の話なんかもした。本書の中でも触れた『言語』『貨幣』『同期』の話だ。ずっと考えてきたことだけど、特定の分野の論文じゃ書けない話。でも、きっと、エッセイという形なら、新しい視点を届けられる気がした。

「広くコミュニケーション全般に関して僕が思っていることを自由に書いてよければ……」

ビブリオバトルに関する講演をするとしばしば受ける質問に「ビブリオバトルと人工知能って全然関係ないですよね？」「いつか人工知能にビブリオバトルさせるんですか？」などがあった。そういう質問を受ける度に、「う～ん、そういうことじゃないんだけどナァ」と思いながらも、綺麗な返事ができずにいた。確かに見た目は全然違う。それでも、僕の中でその二つは、ずっとつながってきたのだ。「コミュニケーションとは何か？」という探求の中で。

だから、同じ質問を何度も何度も受けるにつれ、「その関係に興味があれば、是非この本を読んでくださいね！」と口にして、スッと差し出せる一冊を持ちたいと思うようになっていった。コミュニケーションというものを既存の学問枠組みにとらわれず、誰かの言説の再生産ではなく、自分なりに語って、ビブリオバトルと人工知能の研究を含みつつ、それらを覆う俯瞰的な視点を書き記したい。それが本書の執筆動機となった。

「書きます」とは言ったものの、依頼を受けてから一年間。面目ないくらい全く筆が進まなかった。編集さんからのリマインダーメールにも、言い訳しながら心のなかで土下座。実のところ、書き出してはいたのだが、エッセイであっても、この二つとその関係性を説明しようとすると、結局、くどい説明口調になって、小難しくて説教臭い文章になってしまうのだ。面白くない。そんな原稿は専門書で既に書いている。高校生や大学生に読んでもらえない。

そして一年が経ち、巡ってきたゴールデンウィーク。僕はほぼ白紙の原稿と共に再び編集さんと、相見えることになる。場所はまたJR山科駅前のスターバックス。そこで、突然の逆提案。

「――ライトノベル形式で書いてイイですか？」

四十歳目前の大学教授が突然斜め上に放った提案を、柔軟かつ温厚に受け止めて下さった世界思想社編集者の望月幸治さん、山本絢子さんに改めて御礼を。お二人が僕の無茶振り返しをキャッチして企画会議を通してくださったから、僕は『賀茂川コミュニケーション塾』を書くことができて、教授とマドカは語り始めることができた。そしてこの本が生まれた。

謝辞を幾つか。本書を書き上げるにあたり、岩橋直人教授（岡山県立大学）にはロボットの言語獲得研究の歴史的経緯や解釈に関して、石川竜一郎先生（早稲田大学）には経済学やゲーム理論の視点からコミュニケーション場のメカニズムデザインや社会における経済計算に関して、また、坪泰宏先生（立命館大学）には非線形力学と神経科学の視点から同期現象に関わって確認とコメントを頂いた。改めて御礼を申し上げる。なお、本書の記述に不正確な内容が残っていれば、それは筆者の責に帰するところである。素敵なイラストを描いて下さった、サコさんにも感謝を。また、本書で書かれた内容の多くは筆者自身の関わってきた研究活動に基づくものである。記号創発ロボティクスの関連研究者や、ビブリオバトル普及委員会のメンバーを始め、多くの人々と、そのみんなと交わしたコミュニケーションに感謝したい。

この本が、高校生からシニア世代まで、少しでも多くの人々にとって、コミュニケーションについて考え、気付き、理解するきっかけになる一冊になればと願う。

夏が終わり、また、秋がやってくる。そして僕らは語り続ける。

——五冊目の単著となるこの本を、妻・宏美と二人の子供たちに捧げる。

京都のとあるカフェにて

谷口忠大

参考文献

① 柳本光晴（2015）『響――小説家になる方法』小学館
② 赤池勇磨，谷口忠大（2014）「ビブリオバトルにおける発表制限時間のデザイン」，日本経営工学会論文誌，65(3)，157-167
③ 古賀裕之，谷口忠大（2014）「発話権取引：話し合いの場における時間配分のメカニズムデザイン」，日本経営工学会論文誌，65(3)，144-156
④ ハリソン・オーエン（2007）『オープン・スペース・テクノロジー――5人から1000人が輪になって考えるファシリテーション』ヒューマンバリュー
⑤ Stevan Harnad（1990）“The symbol grounding problem.” Physica D : Nonlinear Phenomena 42(1-3), 335-346
⑥ Goldwater, Sharon, Thomas L. Griffiths, and Mark Johnson（2009）“A Bayesian framework for word segmentation : Exploring the effects of context.” Cognition 112(1), 21-54

Daichi Mochihashi, Takeshi Yamada, and Naonori Ueda（2009）“Bayesian unsupervised word segmentation with nested Pitman-Yor language modeling.” Proceedings of the 47th Annual Meeting of the ACL and the 4th International Joint Conference on Natural Language Processing of the AFNLP, 100-108
⑦ 中村友昭，長井隆行，船越孝太郎，谷口忠大，岩橋直人，金子正秀（2015）「マルチモーダルLDAとNPYLMを用いたロボットによる物体概念と言語モデルの相互学習」，人工知能学会論文誌，30(3)，498-509

Akira Taniguchi, Tadahiro Taniguchi, and Tetsunari Inamura（2018）“Unsupervised spatial lexical acquisition by updating a language model with place clues.” Robotics and Autonomous Systems, 99, 166-180
⑧ Tadahiro Taniguchi, Koki Kawasaki, Yoshiro Fukui, Tomohiro Takata and Shiro Yano（2015）“Automated Linear Function Submission-Based Double Auction as Bottom-up Real-Time Pricing in a Regional Prosumers' Electricity Network“, Energies, 8(7), 7381-7406
⑨ 西部忠（2011）『資本主義はどこへ向かうのか――内部化する市場と自由投資主義』NHK出版，p. 99

谷口　忠大（たにぐち　ただひろ）

1978年京都府生まれ。「どうして僕らは相手の頭の中を覗けないのにコミュニケーションできるようになるんだろうか？」「僕たちは分かり合えるんだろうか？」といった身近な問いから，気づけば人工知能とロボティクス，そして，人間のコミュニケーションへとつながる学際的な研究者になっていた。立命館大学情報理工学部教授。博士（工学・京都大学）。パナソニック客員総括主幹技師としてもAI研究開発に携わる。記号創発システムという概念を提案し，記号創発ロボティクスという研究分野を創出し，人間と人間がコミュニケーションできることの秘密，未来のコミュニケーションロボットの実現へと迫る。世界に広まる書評ゲーム・ビブリオバトルの発案者としても知られる。

おもな著作は『コミュニケーションするロボットは創れるか』（NTT出版），『ビブリオバトル』（文藝春秋），『記号創発ロボティクス』（講談社），『イラストで学ぶ人工知能概論』（講談社）。

カバー・本文イラスト　サコ

教養みらい選書　005

賀茂川コミュニケーション塾
——ビブリオバトルから人工知能まで

2019年12月10日　第1刷発行　　定価はカバーに表示しています

著者　谷口忠大

発行者　上原寿明

世界思想社

京都市左京区岩倉南桑原町56　〒606-0031
電話 075(721)6500
振替 01000-6-2908
http://sekaishisosha.jp/

（印刷・製本 太洋社）

ISBN978-4-7907-1737-9

教養みらい選書

001
僕がロボットをつくる理由
未来の生き方を日常からデザインする
石黒　浩
衣食住から恋愛・仕事・創造の方法まで、自身の経験や日々の過ごし方を交えて、「新しい世界を拓く楽しさ」と人生を率直に語る。

002
食べることの哲学
檜垣立哉
動物や植物を殺して食べる後ろ暗さと、美味しい料理を食べる喜び。この矛盾を昇華する、食の哲学エッセイ。隠れた本質に迫る逸品。

003
感性は感動しない
美術の見方、批評の作法
椹木野衣
子供の絵はなぜいいのか？美術批評の第一人者が、絵の見方と批評の作法を伝授し、批評の根となる人生を描く。書き下ろしエッセイ集。

004
音楽と出会う
21世紀的つきあい方
岡田暁生
人生を変えるような音楽と出会うには？21世紀に固有の音楽現象を挑戦的にとりあげ、規格外の音楽とつきあう楽しさを自在に語る。

近刊
二枚腰のすすめ
鷲田清一の人生案内
鷲田清一
「暗い性格をどうにかしたい」「彼氏がいる女性にほれてしまった」……身のまわりの悩みに、哲学者が二枚腰のかまえで親身に答える。

書名は変更になる場合があります。